Le référendum volé

Du même auteur

Oka. Dernier alibi du Canada anglais, Montréal, VLB éditeur, 1991 (nouvelle édition avec postface « Dix ans après », 2000).

Ça ne s'est pas passé comme ça à Kigali, Montréal, Les Éditions des Intouchables, 2003.

ROBIN PHILPOT

LE RÉFÉRENDUM VOLÉ

LES INTOUCHABLES

Les Éditions des Intouchables bénéficient du soutien financier de la SODEC, du Programme de crédits d'impôt du gouvernement du Québec et sont inscrites au Programme de subvention globale du Conseil des Arts du Canada.

Nous reconnaissons l'aide financière du gouvernement du Canada par l'entremise du Programme d'aide au développement de l'industrie de l'édition (PADIÉ) pour nos activités d'édition.

LES ÉDITIONS DES INTOUCHABLES
2316, avenue du Mont-Royal Est
Montréal, Québec
H2H 1K8
Téléphone : (514) 526-0770
Télécopieur : (514) 529-7780
www.lesintouchables.com

DISTRIBUTION : PROLOGUE
1650, boulevard Lionel-Bertrand
Boisbriand, Québec
J7H 1N7
Téléphone : (450) 434-0306
Télécopieur : (450) 434-2627

Impression : Transcontinental
Photographies intérieures : Jacques Nadeau, Robin Philpot et
Jean-François LeBlanc (Agence Stock Photo)
Infographie et conception de la couverture : Benoît Desroches

Dépôt légal : 2005
Bibliothèque nationale du Québec
Bibliothèque nationale du Canada

ISBN 2-89549-189-5

REMERCIEMENTS

On dit que c'est en parlant qu'on écrit des livres. C'est vrai de celui-ci. Ainsi, je tiens à remercier chaleureusement celles et ceux qui, au cours des dernières années, ont bien voulu discuter avec moi du référendum de 1995 et de ses conséquences, m'orienter vers d'autres sources et, surtout, débattre de mes idées avec franchise. Les nommer serait une erreur: la liste serait inévitablement incomplète, mais aussi trop longue. Sans leur concours, ce livre n'aurait jamais vu le jour.

Le livre est le grand lieu de la contestation et le restera.
JACQUES FERRON

INTRODUCTION

*À tort ou à raison, je n'aime pas beaucoup la question
qui parle d'abord de sanctionner une loi avant de choisir un pays
[...] Ma suggestion : VOULEZ-VOUS QUE LE QUÉBEC DEVIENNE UN PAYS
SOUVERAIN SELON LES TERMES DE LA LOI SUR LA SOUVERAINETÉ
ADOPTÉE PAR L'ASSEMBLÉE NATIONALE DU QUÉBEC ?*
Lettre de Pierre Bourgault à Jacques Parizeau, août 1995[1]

Un peuple libre établit lui-même le récit de sa propre histoire. Un peuple assujetti se le fait imposer par d'autres dont l'objectif premier est de perpétuer l'assujettissement. Cela arrive trop souvent au Québec.

Le présent livre se veut donc un premier effort d'établir un récit québécois des grands événements qui ont marqué la période exaltante de l'automne 1995 et qui ont déterminé l'issue du deuxième référendum sur le statut politique du Québec. Nous aborderons ces grands événements en tant que journaliste d'enquête, avec le souci du détail, de la rigueur et de la vérité, en tant que citoyen québécois et, jusqu'à nouvel ordre, en tant que Canadien qui cherche à trouver une solution au problème fondamental du Québec et du Canada, mais aussi en tant qu'écrivain engagé qui n'hésite pas à prendre position et à la défendre.

Nous avons fait le pari que des acteurs importants du camp du NON du Québec et du reste du Canada seraient prêts à parler du référendum et de leur propre rôle, et qu'ils auraient des choses intéressantes, sinon percutantes, à dire, choses qui méritent d'être connues de tous le plus tôt possible. En cela, l'histoire du

---

1. Archives de Jacques Parizeau : lettre de Pierre Bourgault contenant des suggestions visant à améliorer le texte de l'avant-projet de loi sur la souveraineté, août 1995.

référendum à deux tours à Terre-Neuve en 1948, sur lequel nous nous penchons et d'où la vérité n'a commencé à sortir que 15, 20 et même 50 ans après le scrutin, aura été un incitatif pour aller directement aux sources, et ce, dès maintenant.

Notre autre pari a été de recueillir beaucoup d'anecdotes de Québécois et de Québécoises qui ont participé d'une façon ou d'une autre au référendum, avec en tête l'idée que seules les anecdotes, comme le dit si bien Jane Jacobs que nous avons rencontrée, sont de véritables preuves parce qu'elles s'inspirent d'histoires vraies et qu'elles permettent de savoir où chercher la vérité.

Une anecdote éclairante est celle que James Blanchard, ambassadeur des États-Unis au Canada durant le référendum, raconte dans son livre *Behind the Embassy Door: Canada, Clinton, and Quebec*. Au lendemain du référendum, M. Blanchard était euphorique. Il a téléphoné à Daniel Johnson, chef du Comité des Québécoises et des Québécois pour le NON, afin de le féliciter pour son «fort rôle de soutien» (*strong supporting role*). Mais cet appel téléphonique ne faisait que suivre les premiers appels de félicitations qu'il avait faits à Eddie Goldenberg et à John Rae, les principaux conseillers du premier ministre du Canada Jean Chrétien qui, doit-on conclure, avait joué le «rôle principal».

Cette observation candide venant d'un étranger résume très bien l'une des conclusions du présent livre. En effet, ce n'est pas le Comité des Québécoises et des Québécois pour le NON qui, *in extremis,* a arraché la victoire le 30 octobre 1995 mais bien l'État canadien et des Canadiens de l'extérieur du Québec. Daniel Johnson, le Parti libéral du Québec et son comité pour le NON dûment constitué par l'Assemblée nationale du Québec selon les lois du Québec n'y auront joué qu'un rôle de soutien. Cette distinction est capitale. Car, en intervenant massivement, l'État canadien et des Canadiens de l'extérieur du Québec ont violé de manière flagrante les lois québécoises, les règles d'un État de droit, mais aussi le droit international des peuples à disposer d'eux-mêmes. Ce droit figure dans les premiers articles des grandes chartes internationales dont le Canada est signataire, comme le Pacte international relatif aux droits civils et politiques adopté par l'ONU en 1966: «Tous les peuples ont le droit de disposer d'eux-mêmes. En vertu de ce droit, ils déterminent librement leur statut politique. [...] Les États parties au présent Pacte [dont le Canada] [...] sont tenus de faciliter la réalisation du droit des peuples à disposer d'eux-mêmes. » Bref, respecter cette disposition du droit international exigerait que le Canada facilite l'exercice du droit du peuple québécois à l'autodétermination et non pas qu'il y fasse entrave.

La participation illégale de l'État canadien et de Canadiens hors Québec dans le référendum québécois de 1995 va bien plus loin que les millions de dollars dépensés ouvertement ou en cachette par Chuck Guité et les autres. Ce livre démontre qu'elle a été importante dans toutes les opérations qui ont pu faire pencher la balance en faveur du NON : les électeurs hors Québec, les citoyens instantanés, le mal nommé *love-in* du 27 octobre 1995, la mobilisation d'autochtones contre le Québec, les votes illégaux, et autres.

Établir le récit du référendum de 1995 au moment où le Québec entre dans une étape qui sera décisive dans la réalisation de l'indépendance exige autre chose que de refaire la bataille de 1995. Comme Jacques Parizeau l'a dit en entrevue : « Je suis convaincu d'une chose. On ne répétera pas ce qu'on a fait en 1995. » Par conséquent, nous traitons tous les sujets et événements de 1995 le regard tourné vers l'avenir, vers les années 2005 à 2010, avec comme objectifs d'éviter de se faire voler de nouveau, de mieux connaître le Canada et de composer avec lui, de mieux apprécier la relation Québec-Canada-États-Unis, de comprendre le rôle des médias hostiles à l'option souverainiste et de mieux saisir ce qui s'est passé entre 1995 et 2005. Mais aussi afin de mieux cerner ce qui deviendra possible après un vote pour le OUI, comme nous avait invités à le faire le slogan formidable de 1995 : « Oui, et ça devient possible ! »

PREMIÈRE PARTIE

1

« JAMAIS NOUS N'AVONS ÉTÉ PLUS LIBRES... »

L'automne de mon pays est le plus beau de la terre
Octobre est un érable plein de songe et de passion
GATIEN LAPOINTE, *Ode au Saint-Laurent*, 1963

Jamais nous n'avons été plus libres, jamais le Québec n'a été plus libre que pendant le mois d'octobre 1995. On nous menaçait en pleine face chaque jour et il fallait garder le cap ; partout, dans les journaux, sur le petit écran, dans nos boîtes aux lettres, nous retrouvions cet immonde et fade portrait que nos adversaires donnaient de nous-mêmes si nous devions oser garder le cap ; mais parce que nous l'avons gardé jusqu'à la dernière minute, nous étions libres.

Puisque le venin de la peur se glissait jusque dans notre pensée, chaque pensée juste était une conquête ; nous étions menacés d'un isolement politique et économique éternel, nous étions menacés de subir la colère des puissances financières qui donnent les ordres dans cette société et qui en tirent les profits, les porte-voix de la seule superpuissance du monde nous sermonnaient régulièrement et se laissaient guider par nos adversaires, mais nous avons gardé le cap tout de même, car nous étions libres. Brièvement mais sans aucun doute, le Québec goûtait à la liberté.

Et je ne parle pas ici de cette élite qu'ont été les dirigeants du OUI, mais de toutes les Québécoises et de tous les Québécois qui, du 26 septembre au 30 octobre, à toute heure du jour et de

19

la nuit, se sont dit au moins une fois: «OUI, c'est possible!» La gravité même des menaces d'un Paul Martin (un million d'emplois seraient perdus), d'un John Honderich (GM fermerait les portes de son usine de Sainte-Thérèse) et de tant d'autres (le Québec se ferait amputer de plus de la moitié de son territoire), et les sermons méprisants d'un Laurent Beaudoin (les conséquences d'un «État rapetissé» seraient terriblement dommageables pour l'économie du Québec) nous poussaient aux extrémités de notre imagination en nous contraignant à nous poser ces questions qu'en temps normal on élude: Sommes-nous capables? Tiendrons-nous le coup? Pouvons-nous, petit peuple que nous sommes, défier les géants?

Ainsi la question même de la liberté du Québec était posée et nous étions au bord de la connaissance de ce que cela peut être. Nous avons goûté à cette liberté pendant cinq semaines. Chaque Québécoise, chaque Québécois avait un projet et tous ces projets convergeaient vers un projet grandiose. Les énergies commençaient à se libérer, même chez ceux et celles qui avaient fini par dire NON. Qu'avons-nous senti pendant ces cinq semaines? Où avons-nous puisé ce courage de défier plus forts que nous? Pourquoi l'avons-nous fait? Répondons à ces questions et nous saurons à quoi ressemble le Québec libre.

Je ne parle pas ici de l'élite qui milite dans les partis indépendantistes, mais de ces travailleurs et travailleuses de chez Bombardier, à La Pocatière, qui ont sonné la charge ce 26 septembre 1995, trois jours seulement après que Claude Garcia, cet éteignoir à la solde du camp du NON, dans une expression crue, mais ô combien vraie de la nature même du Canada, a annoncé notre écrasement imminent; de cette fille élevée dans l'ouest de l'île de Montréal, qui a fréquenté les écoles privées anglaises en adoptant au passage les préjugés courants de ces milieux, mais qui a décidé de braver l'autorité et l'ordre établi en votant OUI parce qu'elle avait été frappée par la confiance et l'assurance sereines ainsi que par le sens de la justice qui animaient ses amis souverainistes, ce qui tranchait nettement avec la violence et l'étroitesse d'esprit des tenants du NON.

Jamais nous n'avons été plus libres, puisque nous n'hésitions pas à briser les interdits géographiques qui faisaient du Canada une masse indivisible d'un océan à l'autre et de l'Amérique du

Nord un continent anglais pour toujours. Nous résistions un temps au poids de l'inertie historique qui nous écrasait, qui enfermait hermétiquement notre imagination et qui nous obligeait à plier l'échine au nom d'une vision immuable mais totalement inexacte de notre passé et de notre avenir. Libres, puisque nous franchissions les barrières qui nous empêchaient de parler à nos voisins et à nos collègues de travail d'autre chose que du temps qu'il fait et des dernières niaiseries à la télévision. Libres, puisque nous osions surmonter les interdits géographiques et culturels internes, ceux qui ne nous laissent jamais dire ce que nous sentons, croyons et voulons vraiment à des groupes entiers de la population québécoise[2].

Puisque le Québec a été libre pendant cinq semaines, le Canada, pour une fois, a vu ce que cela voulait dire quand les Québécois n'ont plus peur et qu'ils agissent librement ; le Canada s'est aperçu qu'il n'avait plus rien à offrir et a pris peur.

***

Depuis 1995, les adversaires de l'indépendance du Québec expliquent la force du OUI au référendum de façon machinale : c'était « l'effet Bouchard », un point c'est tout. Plusieurs d'entre eux accordent même à Lucien Bouchard un pouvoir mystique sur la population québécoise, ce qui leur permet de balayer sous le tapis, encore et toujours, la question fondamentale de la domination du Québec par le Canada.

À propos de Lucien Bouchard, l'ambassadeur américain à l'époque, James Blanchard disait : « Depuis qu'il a frôlé la mort, Bouchard a acquis un statut légendaire, aidé en cela par sa rhétorique démagogique et sa personnalité complexe. Il a accompli dans sa vie ce que René Lévesque n'a fait que de façon posthume, et il semblait aux yeux des Québécois francophones qu'il ne pouvait se tromper [...]. Ses remarques, que je considérais racistes, sur les " races blanches " au Québec et leur besoin de faire plus d'enfants, ont peut-être aidé la

---

2. Avec mes remerciements à Jean-Paul Sartre et à « La République du silence » (*Les lettres françaises*, n° 20, 1944). Cette partie du présent chapitre s'inspire de ce texte.

cause séparatiste en faisant appel au côté ténébreux et tribaliste du nationalisme québécois. Vu les forces irrationnelles en jeu, c'était difficile de le contrer[3].» Plus loin dans son livre, l'ambassadeur Blanchard poursuit sa description mystique du référendum en le présentant comme «une grande bataille où les forces du bien ont triomphé sur celles du mal».

Pour sa part, l'ancien ministre canadien Brian Tobin compare Lucien Bouchard à un Lazare biblique qui s'est relevé de la mort pour diriger son peuple[4]. Même rengaine pour John Rae, John Honderich, Sheila Copps et tant d'autres.

La palme des descriptions de «l'effet Bouchard» revient au journaliste pamphlétaire Lawrence Martin. «Il était proche des dieux. [...] Dans ses envolées rhétoriques, sur le podium, boitant de façon exagérée, sa canne étant son symbole religieux, Lucien Bouchard portait en lui les doléances de son peuple. Il commençait ses discours lentement et puis, les yeux brûlant avec la furie d'un "Rocket" Richard, il montait le ton pour faire jouer de grandes symphonies sonores de douleur et d'espoir[5].» Cette médiocre poésie cache mal une incompréhension totale du Québec. Mais comment mieux balayer les aspirations profondes des Québécoises et des Québécois ainsi que les sources véritables de leur insatisfaction, sinon en les attribuant à des puissances irrationnelles ou surnaturelles?

Étonnamment, celui qui répond le mieux à cette surenchère sur «l'effet Bouchard» est John Parisella, dirigeant du Comité pour le NON et ancien chef de cabinet de Robert Bourassa et de Daniel Johnson. «Si les Canadiens anglais pensent que les fédéralistes ont failli perdre à cause d'un personnage mystique, cela veut dire qu'ils ont besoin d'un livre pour comprendre le Québec. Vous aviez un premier ministre qui a renié la signature de son prédécesseur [Clyde Wells de Terre-Neuve sur l'Accord du lac Meech en 1990 signé précédemment par Brian Peckford], tandis qu'un autre refusait de tenir un vote sur Meech dans sa législature à cause de la clause nonobstant [le Manitoba],

---

3. James Blanchard, *Behind the Embassy Door: Canada, Clinton and Quebec*, Toronto, McClelland and Stewart, 1998, p. 234.

4. Entrevue avec Brian Tobin à Toronto, 3 décembre 2004.

5. Lawrence Martin, *Iron Man: The Defiant Reign of Jean Chrétien,* Toronto, Viking Canada, 2003, p. 114.

alors que, cinq ans auparavant, il avait refusé de traduire ses lois en français. En même temps, ils continuent de penser qu'il ne s'agit pas là d'un rejet du Québec. Et là, ils pensaient que, pour convaincre le Québec de voter NON, ils n'avaient qu'à sauter dans un autobus et se rassembler tous à Montréal pour le *love-in*. Et du même souffle, ils disent que Bouchard est la seule raison pour laquelle le NON n'a pas gagné de façon plus nette. Et bien, cela démontre qu'ils n'ont absolument aucune compréhension de ce que c'est le Québec[6]!»

L'idée d'un «effet Bouchard» triomphant est tenace, même chez les souverainistes. Selon le politicologue Pierre Serré, toutefois, cette idée ne tient pas la route: «La campagne du OUI a littéralement bouffé le camp adverse. Cela a commencé avant le déclenchement de la campagne officielle, pour se poursuivre jusqu'au 30 octobre. La progression du OUI dans la deuxième moitié de la campagne référendaire était semblable à celle de la première moitié avant que Lucien Bouchard ne soit propulsé à l'avant-scène[7].»

Dès janvier 1996, graphique à l'appui, Pierre Serré a dégonflé l'idée d'un «effet Bouchard» prépondérant dans la montée du OUI. Bref, 50 jours avant le scrutin, le OUI tirait de l'arrière par 8 points si l'on tient compte seulement des intentions de vote exprimées lors de sondages, et, si l'on se fie à la manière utilisée habituellement pour répartir les électeurs discrets, l'écart entre les deux options pouvait même être de l'ordre de 17 points. Donc, entre le 10 septembre 1995 et la veille du référendum, le OUI a progressé de façon égale et constante jusqu'au 7 octobre, date de la nomination de Lucien Bouchard comme négociateur en chef par Jacques Parizeau. Et le OUI a continué à progresser aussi inexorablement jusqu'au jour du référendum. Lucien Bouchard aura joué un rôle important dans la campagne référendaire mais, contrairement à ce que prétendent les adversaires de la souveraineté, il n'a pas été cette force mystique qui, contre toute attente, a envoûté le peuple pour qu'il vote si massivement pour le OUI. Selon Pierre Serré, le succès du OUI peut être attribué à l'effet combiné du travail constant de centaines de milliers de

6. Entrevue avec John Parisella, 21 décembre 2004.

7. Entrevue avec Pierre Serré, 9 avril 2005 et *Le Devoir*, 3 janvier 1996, p. A-7.

partisans du OUI et de la légitimité politique de l'option souverainiste, qui, elle, tranchait nettement avec la pauvreté des arguments du camp du NON. John Parisella du Comité pour le NON donne raison à Pierre Serré quand il rappelle que les fédéralistes du Québec étaient contraints, par les politiques du gouvernement libéral du Canada, de se battre comme un boxeur avec un bras attaché dans le dos. « Il y a des problèmes fondamentaux qui n'ont pas été abordés. Seul, Lucien Bouchard n'aurait jamais pu faire monter le OUI à 45 % même[8]. »

Donc, problèmes fondamentaux oui, mais aussi volonté de liberté ! Voilà ce qui explique la force du OUI. Pour reprendre la célèbre phrase de Sartre, « jamais nous n'avons été plus libres » que pendant la campagne référendaire de 1995, car nous refusions de plier l'échine devant toutes les menaces et les sermons venant d'en haut.

Ceux qui ont sonné la charge pour la liberté sont, à notre avis, les travailleurs et les travailleuses de Bombardier, à La Pocatière, deux jours après que le président québécois de la multinationale Standard Life, Claude Garcia, a exhorté les militants à « écraser » les souverainistes. Ils l'ont sonnée un mardi 26 septembre, soit cinq jours après que le patron de Bombardier, Laurent Beaudoin, a déclaré devant le Conseil québécois des gens d'affaires pour le Canada : « Les gens d'affaires doivent rejeter le projet que nous propose le gouver-nement du Québec. [...] Il est exclu, mesdames et messieurs, qu'un État rapetissé aux dimensions d'un Québec indépendant puisse supporter de manière adéquate le développement de ce type d'entreprises [Bombardier]. [...] Je vous engage à participer activement au débat référendaire afin d'assurer l'avenir du Québec au sein du Canada[9]. »

Laurent Beaudoin omet de dire que, n'eût été cet État « rapetissé » du Québec, jamais Bombardier n'aurait pu songer à devenir une multinationale. N'oublions jamais que le vrai

---

8. Entrevue avec John Parisella, 21 décembre 2004.

9. Notes d'allocution de Laurent Beaudoin, président du Conseil et chef de la direction de Bombardier inc., Conseil québécois des gens d'affaires pour le Canada, 21 septembre 1995, reproduites dans la lettre à tout le personnel de Bombardier du 27 septembre 1995.

tournant pour Bombardier fut l'obligation imposée à la Ville de Montréal, en 1974, de s'approvisionner en voitures de métro auprès de cette entreprise québécoise, en difficulté à cause de la chute du marché de la motoneige, alors que la soumission de la Canadian Vickers était plus intéressante. Sans ce coup de pouce de l'État que Laurent Bombardier méprise tant, Bombardier n'aurait jamais pu se lancer dans l'industrie du transport ferroviaire et décrocher le contrat de plus de 1000 voitures de métro pour la Ville de New York au début des années 1980 contre son concurrent Budd Co., ni, par la suite, se lancer dans l'aéronautique grâce aux énormes profits obtenus du contrat à New York[10].

La campagne référendaire est donc à peine entamée, le « club des milliardaires », comme le décrivait si bien Jacques Parizeau, pense voguer allègrement vers une victoire certaine, et voilà que la figure de proue de ce club et chef du NON, Daniel Johnson, affronte une première bourrasque contrariante, là où il s'y attend le moins : chez Bombardier !

Il a été accueilli à l'usine de fabrication de voitures de train et de métro à La Pocatière avec une immense banderole affichée bien en vue sur une passerelle : « *Le 30 octobre, on vote OUI à la séparation !* » Les caméras de télévision n'ont pas manqué de montrer un Daniel Johnson décontenancé dans ce bain de foule raté. Son commentaire a été on ne peut plus laconique : « Le résultat du référendum, ce ne sera pas cent à zéro, nous ne sommes pas dans l'unanimisme. » Daniel Johnson n'a jamais su si bien dire. Dans l'espoir de réparer les pots cassés, dès le lendemain, le grand patron de Bombardier, Laurent Beaudoin, a expédié une lettre enjoignant aux 12 000 employés de Bombardier au Québec de voter NON, de même que le texte de son allocution de la semaine précédente. Son envoi s'ajoutait à des pressions exercées sur tous les cadres de Bombardier pour qu'ils consacrent temps et argent à la campagne du NON[11].

Les textes de Laurent Beaudoin figurent parmi les très nombreux documents et images d'anthologie qui jonchent tristement le chemin de la souveraineté du Québec et qui vont

---

10. Peter Hadekel, *Bombardier. Les dessous d'un empire*, Libre Expression, 2004, p. 55-56.

11. *Ibid.* et entrevue avec un employé du siège social de Bombardier.

du coup de la Brinks à l'épouvantail de Paul Martin sur la perte d'un million d'emplois au Québec, en passant par les menaces de la Sun Life, de Cadbury et de tant d'autres. Et ils illustrent de façon éclatante la pauvreté de l'option canadienne. En gros, sa lettre et le texte de son allocution référendaire demandent aux Québécois de continuer à rester dociles et à se laisser acheter par le Canada, comme dans le passé, comme dans le présent, comme pour toujours. Parce que cela aura été rentable pour M. Beaudoin, cela devrait nécessairement l'être pour nous tous. Alors, abandonnons nos principes et nos aspirations! Prostituons-nous parce que c'est payant! En retour, le Canada continuera à saupoudrer le Québec de ses millions. Voilà, nous nous retrouvons devant «cet immonde et fade portrait» que les adversaires du Québec font de nous.

L'appel du patron de Bombardier est resté lettre morte. Le OUI n'a pas flanché le moindrement, il a continué de grimper jusqu'au référendum – le OUI l'a emporté avec 60,3 % contre 39,7 % dans la circonscription où se trouve La Pocatière. En somme, cet incontournable appel à la liberté lancé par les travailleurs et les travailleuses de l'usine Bombardier, à La Pocatière, figure en premier dans la courte liste des événements marquants de la marche vers le Québec libre. Mais avant de regarder de près pourquoi nous n'avons pas pu goûter pleinement à la liberté, examinons le contexte politique dans lequel le peuple québécois veut exercer son droit inaliénable de disposer librement de lui-même.

2

L'HISTOIRE NE SE RÉPÈTE PAS, ELLE BÉGAYE...

Il était une fois un pays nordique, un peuple hardi, ayant forgé une histoire dans des conditions difficiles durant près de 400 ans, qui considérait, et qui considère toujours, qu'il a le droit de décider librement de son avenir. Eh bien, un jour, ce pays, ce peuple, entouré de puissances autrement plus importantes et plus riches que lui, a décidé d'exercer, contre vents et marées, son droit fondamental et internationalement reconnu de disposer librement de lui-même! Mais l'argent et le pouvoir impérial en ont voulu autrement. Il y a eu un référendum, deux même, les résultats ont été on ne peut plus serrés, mais pas en faveur de la liberté. Ce pays, ce peuple fier, a dû se résigner à baisser pavillon, à remiser ses rêves, à intégrer un plus grand ensemble et à vivre un long et douloureux deuil qui n'a entraîné que morosité, déchéance économique et exil.

Dans les années qui ont suivi ce référendum, on a appris que le scrutin ayant décidé du sort de ce pays et de ce peuple vaillant ne s'était pas déroulé d'une façon aussi transparente qu'on le disait et que le résultat n'était pas aussi clair que le prétendait le premier ministre du pays voisin qui l'avait annexé. On a appris aussi que l'ingérence financière et politique occulte de l'extérieur avait contaminé tout le processus. Les mauvaises langues laissent même entendre que le résultat du vote a été le contraire de ce qu'on avait annoncé au lendemain de la journée fatidique.

Non, la journée fatidique n'était pas le 30 octobre 1995, et le pays nordique n'était pas le QUÉBEC. Non, nous étions le 22 juillet 1948 à TERRE-NEUVE.

Lorsque le premier ministre du Canada, William Lyon MacKenzie King, a déclaré, le 30 juillet 1948, que la décision du référendum à Terre-Neuve était « *clear and beyond all possibility of misunderstanding* » (claire, inattaquable, sans ambiguïté aucune), il mentait! Comme il mentait quand il a dit que le résultat avait été obtenu « *without any trace of influence or pressure from Canada* » (sans la moindre trace d'influence ou de pression du Canada). On remarquera, par le vocabulaire même, que, jusqu'en 1949, pour le Canada, Terre-Neuve était un pays indépendant. Pour les Terre-Neuviens, c'était un pays indépendant, aussi indépendant que l'était, par ailleurs, le Canada.

Les historiens ne s'entendent pas sur l'identité du pays qui aurait vraiment piloté l'annexion de Terre-Neuve au Canada : les uns prétendent que le Canada en était le maître d'œuvre, les autres, la Grande-Bretagne. Certains disent que le tout a été décidé par une poignée de main entre le Canada et le gouvernement britannique à Ottawa, en septembre 1945. Tout le monde s'entend pour dire que les Terre-Neuviens n'ont pas eux-mêmes décidé, seuls et sans ingérence, d'abandonner leur indépendance pour se joindre au Canada. De nos jours, même les plus *Canadians* des Terre-Neuviens reconnaissent que la blessure provoquée ce 22 juillet 1948 n'est toujours pas cicatrisée. Brian Tobin fait remarquer : « Il y a encore plein de monde à Terre-Neuve d'un certain âge qui disent : "Nous avons perdu notre patrie, nous avons abandonné notre pays sans tirer une seule balle[12]". » Le Québec peut en apprendre beaucoup du processus qui a permis l'annexion de Terre-Neuve par le Canada, comme il peut également en apprendre beaucoup des effets dévastateurs de cette annexion ainsi que des divisions politiques qui ont affligé Terre-Neuve depuis. Surtout pour mieux connaître le Canada et éviter de se faire duper de la même façon.

---

12. Entrevue avec Brian Tobin à Toronto, 3 décembre 2004.

***

Depuis 1931 et le Statut de Westminster, Terre-Neuve et le Canada étaient deux pays, deux dominions, États indépendants membres du Commonwealth britannique. Au début des années 1930, Terre-Neuve, au même titre que le Canada, les États-Unis et presque tous les pays du monde, était aux prises avec la pire crise économique de l'histoire. Les Terre-Neuviens, près de 300 000 personnes, qui dépendaient principalement des ressources naturelles et de l'exportation, étaient durement frappés. Profitant de ce prétexte et de la demande du gouvernement terre-neuvien de rééchelonner sa dette, Londres a d'abord offert de vendre Terre-Neuve au Canada pour 110 millions de dollars, ce que le Canada a refusé en raison de ses propres difficultés financières et de ses millions de chômeurs. Ensuite, en 1934, Londres a pris en charge la dette étrangère de Terre-Neuve, a dissous le gouvernement et imposé une « Commission de gouvernement ». C'était une offre que le gouvernement terre-neuvien ne pouvait refuser[13].

Dictature bienveillante selon les uns, dictature pure et simple selon les autres, la Commission de gouvernement qui a dirigé Terre-Neuve de 1934 à 1949 était nommée directement par Londres et comprenait six membres, dont au moins trois devaient être de Terre-Neuve. Le président de la Commission était le gouverneur de Terre-Neuve, nommé également par Londres. Autrement dit, au moment des référendums sur l'avenir de Terre-Neuve, le pays n'avait pas de gouvernement démocratique élu par le peuple.

Pendant la Seconde Guerre mondiale, à cause de sa situation dans l'Atlantique Nord, Terre-Neuve a pris une importance

---

13. Le résumé historique s'inspire des ouvrages suivants : John Edward Fitzgerald, « Newfoundland Politics and Confederation revisited: Three New Works », *Newfoundland Studies*, vol. 9, n° 1, printemps 1993, p. 103-124 ; Clarke MacKenzie, *David Inside the Atlantic Triangle: Canada and the Entrance of Newfoundland into Confederation (1939-1949)*, Toronto, University of Toronto Press, 1986 ; Peter Neary, *Newfoundland in the North Atlantic World 1929-1949*, Montréal, McGill-Queen's University Press, 1988 ; S.J.R. Noel, *Politics in Newfoundland*, Toronto, University of Toronto Press, 1971 ; Gwynne Dyer, « Newf Truth », *The Globe and Mail*, 27 mars 1999 et 3 avril 1999, p. D-1.

stratégique pour l'Angleterre, les États-Unis et le Canada. Par fidélité envers la mère patrie britannique, beaucoup de Terre-Neuviens, comme beaucoup de Canadiens, se sont enrôlés pour combattre l'Allemagne nazie. À la fin de la guerre, les Britanniques, affaiblis par six ans de guerre, ont décidé que l'annexion de Terre-Neuve à son autre dominion, le Canada, était à l'ordre du jour. Mais puisque tant de Terre-Neuviens s'étaient battus vaillamment pendant la guerre, dont l'objectif principal était de permettre aux nations de décider librement de leur avenir et de leur façon de se gouverner, les Britanniques et les Canadiens ont convenu de tout faire pour dissimuler le fait que la décision avait été prise au-dessus de la tête des Terre-Neuviens ; il fallait maintenir une apparence de démocratie. Il en résulta que, de 1945 à 1949, il y eut très peu de déclarations à l'emporte-pièce, mais le travail de coulisses pour obtenir l'annexion de Terre-Neuve battait son plein à Ottawa et à Londres.

En décembre 1945, Londres annonce la création de la « *National Convention* », sorte d'assemblée constituante chargée d'étudier l'économie terre-neuvienne et de débattre de la forme de gouvernement que Terre-Neuve adopterait pour l'avenir. Le tout devait se terminer par une consultation de la population. Le 21 juin 1946, les Terre-Neuviens ont élu les 45 membres de l'assemblée constituante, qui représentaient divers milieux et comprenaient des hommes d'affaires, des journalistes, des syndicalistes, des fonctionnaires et des professionnels. Par la suite, la constituante a établi des comités d'étude, envoyé des délégations à Londres et à Ottawa et suscité d'importants débats, souvent houleux, partout à Terre-Neuve.

Au bout de 18 mois d'activité, le 29 janvier 1948, les membres de la *National Convention* ont décidé, par un vote de 29 contre 16, que l'option de la confédération avec le Canada ne ferait pas partie des choix soumis à la population de Terre-Neuve. Ils ont décidé sans équivoque que les Terre-Neuviens auraient à choisir entre deux options : (1) le gouvernement responsable tel qu'avant 1934 – et donc retour à l'indépendance – ou (2) la Commission de gouvernement, c'est-à-dire le *statu quo*. Jusque-là, les apparences quant au droit d'autodétermination étaient bonnes. Les Terre-Neuviens semblaient bien déterminés à décider de leur propre avenir et à exercer pleinement leur droit de disposer d'eux-mêmes. Mais il y a eu un hic. En fait, il existait une version précoce de la Loi sur la clarté qu'Ottawa a adoptée en 2000 pour le Québec.

Dans la pure tradition impériale britannique et fort de l'appui du Canada, Londres s'était réservé le dernier mot sur la question qui serait soumise au vote des Terre-Neuviens. Selon l'historien David MacKenzie, « Le Bureau des relations du Commonwealth avait conservé pour lui la décision définitive sur ce qui devait paraître sur le bulletin de vote, et vu le sentiment de la Grande-Bretagne et du Canada à ce sujet, il ne pouvait y avoir qu'une seule décision. [...] L'option de confédération a donc été incluse sur le bulletin parce que c'était la politique soutenue par le Canada et la Grande-Bretagne.»

Par conséquent, c'est le secrétaire d'État britannique pour les Affaires du Commonwealth qui décréta, le 11 mars 1948, que le référendum comporterait non pas deux mais trois choix, dont la confédération avec le Canada que la *National Convention* de Terre-Neuve avait exclue. Si, après un premier tour, aucun des trois n'obtenait la majorité des voix, il y aurait un deuxième tour et le bulletin inclurait les deux choix ayant obtenu le plus de votes au premier tour[14]. Ce qui fait dire à l'historien de Terre-Neuve, Raymond Blake: « Le libellé du référendum a été brillamment construit pour favoriser la Confédération[15]. » Un tel pouvoir impérial ferait bien jouir tous les Stéphane Dion de ce monde.

Mais malgré cette contrainte, les Terre-Neuviens n'ont pas accepté de gaieté de cœur l'idée de l'union avec le Canada. Au premier référendum, le 3 juin 1948, le retour à l'indépendance était l'option la plus populaire avec 45 % des suffrages (69 400); en deuxième place, la confédération avec 41 % (64 066); et en troisième, le *statu quo* appelé la Commission de gouvernement, qui avait recueilli 14 % (22 311).

Le deuxième tour s'est tenu 49 jours plus tard, soit le 22 juillet 1948. Le résultat officiel de ce vote, qui sera considéré

---

14. Les historiens terre-neuviens parlent des deux référendums à Terre-Neuve, mais il serait plus juste de parler d'un seul référendum à deux tours parce que la tenue d'un second tour était prévue dès que les Britanniques ont imposé le troisième choix, soit la confédération avec le Canada.

15. Raymond Blake, *Canadians at Last: Canada integrates Newfoundland as a Province*, Toronto, University of Toronto Press, 1994.

« clair, inattaquable, sans ambiguïté aucune » par le Canada et le Royaume-Uni, était de 52,3 % ou 78 323 voix en faveur de la confédération contre 47,7 % ou 71 344 voix en faveur de l'indépendance. Toute possibilité de dépouillement judiciaire ou d'analyse détaillée du vote a disparu en moins de deux semaines, car tous les bulletins de vote avaient été brûlés par un Terre-Neuvien du nom de David Butler. Ce dernier a déclaré à John Fitzgerald, historien de l'Université Memorial à Saint-Jean, que, lorsqu'il avait mis en doute la décision de les brûler, le directeur des élections, Nehemiah Short, lui avait dit de les brûler parce que le décompte n'avait été ni correct, ni bien (« *neither worthily nor well* ») [16].

Le temps, dit-on, met la vérité au jour, probablement parce qu'il amène les langues à se délier. C'est ce qui s'est passé après l'annexion de Terre-Neuve par le Canada, mais malheureusement avec un certain retard. Le récit qu'en a fait Harold Horwood, l'un des principaux lieutenants de Joey Smallwood, futur premier ministre de Terre-Neuve, jumelé à celui de Gwynne Dyer en 1999, au 50ᵉ anniversaire de l'annexion, ressemble étrangement à ce que le Québec a connu en 1995. Il se résume en quelques mots : ingérence financière du Canada, diviser pour régner et tripotage.

Au moment où le Canada célébrait son centenaire, dans le cadre d'un séminaire sur Terre-Neuve et la Confédération, Harold Horwood a décrit avec candeur et fierté comment le Parti libéral du Canada avait financé à grands frais et en sous-main la campagne favorable à l'annexion[17].

Le procanadien Harold Horwood affirmait : « Le gros problème pour nous, c'est qu'on avait besoin d'argent. [...] Il était évident que nous ne pouvions recueillir assez d'argent à Terre-Neuve. Il fallait aller au Canada. Nous sommes allés voir, en premier, l'argentier C. D. Howe, celui qui contrôlait les cordons de la bourse et tout le reste au Parti libéral du Canada, qui a dit : "Je ne pense pas que quelqu'un dans ma position puisse publiquement aider à financer une campagne politique

---

16. Correspondance par courriel avec l'historien John Fitzgerald.

17. Mason Wade, *Regionalism in the Canadian Community, 1867-1967*: *Canadian Historical Association Centennial Seminars*, Toronto, University of Toronto Press, 1969, notre traduction.

dans un autre pays." Il nous a envoyés voir le trésorier du Parti libéral, le sénateur Gordon Fogo, qui a déclaré : "Je ne peux rien donner de la caisse du Parti libéral, mais je verrai si je peux aider de façon privée" [...] ». C. D. Howe et le sénateur libéral Fogo ont fourni une liste de personnes qui n'étaient pas membres du Parti libéral, mais qui pourraient se voir inciter à contribuer financièrement à la campagne de Terre-Neuve. Des gens, surtout des brasseurs, des distillateurs et des marchands de vins, qui étaient dans une position délicate et qui, si le Parti libéral donnait le mot d'ordre d'accorder une faveur à quelqu'un d'autre, seraient très enclins à accepter. Le résultat, c'est que Terre-Neuve a recueilli approximativement un quart de million de dollars.

« Il y avait beaucoup de dépenses et je pense que nous avons dépassé plusieurs fois le montant qu'a pu dépenser la Ligue pour un gouvernement responsable [favorable à l'indépendance]. Notre envoyé Ray Petten est resté au Canada pendant toute la campagne référendaire et a continué à la financer. Nous avons pu publier un journal hebdomadaire au coût de 5 000 $ par semaine et nous avons embauché le meilleur caricaturiste au Canada qui nous faisait des caricatures pour 500 $ chacune. »

On se rappellera que, en 1948, la télévision n'existait à peu près pas ! Les journaux et la radio étaient donc des médias de choix. Les 250 000 $, recueillis avec les bonnes grâces du Parti libéral du Canada, équivaudraient aujourd'hui à plus de 2,1 millions de dollars. Par comparaison avec le référendum québécois de 1995 où la population était 24 fois plus importante qu'à Terre-Neuve en 1948, la limite de dépenses pour chaque camp était d'environ 5 millions de dollars.

Autre élément mystérieux : l'utilisation d'agents doubles pour diviser la population de Terre-Neuve. En effet, pendant les deux référendums, il y a eu une division entre les protestants, généralement favorables à l'annexion, et les catholiques, plutôt favorables au gouvernement responsable et à l'indépendance. Les orangistes terre-neuviens du *Loyal Orange Lodge* publiaient un bulletin, la *Orange Letter*, dans lequel ils accusaient le mouvement en faveur de l'indépendance de Terre-Neuve d'être un « complot papiste ». Sachant que la victoire serait à leur portée s'ils exacerbaient ces divisions confessionnelles, le camp procanadien de Smallwood a eu recours à des agents doubles.

Bref, ils ont fait poser, au nom de l'autre camp et par l'entremise de leur taupe, des affiches provocatrices devant les églises protestantes de Terre-Neuve, mais seulement devant ces églises-là. Aucune n'avait été placée proche d'une église catholique. Voici comment Horwood vante l'exploit :

« Les catholiques ne savaient pas, et personne ne l'a su pendant 15 ans, qu'un groupe du camp proconfédération avait fait imprimer les affiches pour ensuite les placer eux-mêmes sur les églises protestantes. Nous avions un agent double – un membre de la Ligue pour un gouvernement responsable qui a supervisé la production et l'affichage de ces slogans par un groupe de farfelus de l'autre camp. Au moment du deuxième référendum, nous avions réussi par ces méthodes fourbes et très douteuses à convaincre assez de protestants pour obtenir une très mince majorité de 2 %[18]. »

La vérité sur l'ingérence financière du Canada et les complots visant à diviser la population est graduellement sortie du sac. Les preuves sont peut-être anecdotiques, mais comme le dit si bien Jane Jacobs, seules les anecdotes sont les véritables preuves parce qu'elles sont fondées sur des histoires vraies. Une autre histoire, plus troublante celle-là et plus grave, mais drôlement tenace, qui circule depuis une trentaine d'années, veut que, en réalité, les Terre-Neuviens aient voté à 52,3 % contre la confédération, mais que des fonctionnaires britanniques chargés de surveiller le référendum aient inversé les résultats[19]. Dans un long article du *Globe and Mail* marquant le 50e anniversaire de l'annexion, le journaliste d'origine terre-neuvienne Gwynne Dyer, maintenant basé à Londres, raconte cette histoire en présentant toutes les preuves circonstancielles qui existent. Fait important, lui-même croit cette histoire !

En 1967, Harold Paddock, un Terre-Neuvien de 30 ans étudiant à Londres, participait à une émission de radio à la BBC où il devait lire quelques-uns de ses poèmes. Il y avait, dans le studio, un Anglais d'un certain âge qui avait déjà habité Terre-Neuve à l'époque du référendum. Ce monsieur a demandé de lire un des poèmes qui parlait d'un Béothuk du

---

18. *Ibid.*, p. 252.

19. Commentaire sur le livre de Chadwick, Gwynne Dyer, *loc. cit.* ; entrevue avec Gwynne Dyer, 10 mai 2005.

village de Beaumont à Terre-Neuve. Le poème a tellement bouleversé le vieux monsieur qu'il a dit au poète Paddock : « Vous, les Terre-Neuviens, vous êtes peut-être devenus les derniers Béothuks. » Il a, ensuite, déballé son histoire. Comme haut fonctionnaire aux affaires étrangères britanniques, il était chargé de voir à ce que le résultat de ce deuxième tour du référendum favorise l'annexion de Terre-Neuve au Canada. Mais, ne le voyant pas ainsi, les Terre-Neuviens auraient rejeté la confédération avec le Canada pour une deuxième fois par le vote très serré de 52 % contre 48 %. Pour faire plaisir à Londres, le fonctionnaire britannique n'aurait fait que modifier légèrement le résultat, un maigre 4 %, ce qui aurait scellé l'avenir du pays.

Le jeune Paddock, professeur à l'Université Memorial depuis 1972, a été tellement troublé par la confession du diplomate britannique qu'il ne lui a même pas demandé son nom. Le diplomate, qui, selon Dyer, était probablement St. John Chadwick, aurait eu de profonds remords qui l'ont poussé à passer aux aveux, surtout parce qu'il venait de publier quelques mois auparavant un livre très officiel sur l'histoire de Terre-Neuve qui, toujours selon Dyer, reprend « tous les mêmes mensonges[20] ». À ceux qui disent qu'une telle action ne va pas du tout dans le sens du fair-play britannique, Dyer, journaliste et historien militaire, rappelle qu'à ce moment même l'Empire britannique s'affairait à briser toutes les promesses faites aux peuples du Proche-Orient, d'Afrique et d'Asie, notamment en imposant la partition de l'Inde et de la Palestine. Dans cette période d'après-guerre, par exemple, les Britanniques ont truqué les élections au Nigeria pour imposer la domination de leurs alliés dans ce pays énorme de l'Afrique noire. Pourquoi une légère modification du résultat d'un vote sur une île perdue permettant de la faire aller dans le sens de l'intérêt de tous, et surtout de l'Empire, dérangerait-elle la Grande-Bretagne ?

Dans l'histoire d'un peuple, un référendum n'est pas une affaire banale. Arrivé à une fourche, le peuple doit choisir le meilleur des deux chemins sans trop savoir où ils aboutiront l'un ou l'autre, tout en sachant que rebrousser chemin

---

20. Gerald William St. John Chadwick, *Newfoundland ; Island into Province*, Londres, Cambridge University Press, 1967.

serait difficile. Pour y voir clair et pour s'assurer que la décision est vraiment celle du peuple, il est essentiel d'éliminer les influences occultes, les magouilles et d'interdire les gestes d'intimidation des forces plus puissantes, ce qui n'a pas été le cas à Terre-Neuve où l'on a imposé un virage que les Terre-Neuviens ne voulaient pas nécessairement prendre.

Par ailleurs, on peut voir dans le processus référendaire lui-même et surtout dans le comportement impérial du Canada et du Royaume-Uni les germes de la relation de domination, d'exploitation et de dépendance économique qui ont caractérisé l'histoire de Terre-Neuve comme province canadienne depuis 1949. Pendant le référendum, on a traité Terre-Neuve comme un rocher perdu au bout extrême d'une majestueuse et triomphante masse terrestre qui revenait, par droit divin, au Canada : « Cela permet de compléter la nation canadienne dans ses frontières physiques naturelles », a déclaré MacKenzie King, premier ministre du Canada, au lendemain du vote. Jusqu'en 1949, Terre-Neuve était au cœur de la carte géographique et identitaire des Terre-Neuviens[21]. Avec le référendum de 1948, elle devenait l'appendice pauvre, risible, parfois honni, situé à l'extrême est de la carte géographique et identitaire canadienne. La saignée démographique et économique qu'elle a connue par la suite est à l'image même de cette relation dont les référendums de 1948 avaient donné le ton.

Une parenthèse sur le référendum du Québec de 1995 s'impose. Dans la foulée du lancement par Jacques Parizeau et Robert Laplante de l'idée de revoir le cadre stratégique pour accéder à l'indépendance, l'éditorialiste en chef de *La Presse*, André Pratte, a commis un long éditorial intitulé « Le mythe du vol », où il passe en revue les nombreuses violations par Ottawa, par des entreprises canadiennes et par des individus, de la législation québécoise sur les consultations populaires. Il reconnaît entièrement l'illégalité de ces gestes, mais les banalise aussitôt[22]. Les violations seraient banales parce que personne n'a prouvé au sermonneur Pratte qu'elles ont eu un impact décisif sur le résultat. Or, là n'est pas le problème car, comme pour Terre-Neuve, les rôles et le comportement des adversaires

---

21. Image utilisée par Gwynne Dyer, *loc. cit.*

22. *La Presse*, 20 août 2004, p. A-12.

de la souveraineté dans le processus référendaire de 1995 ont donné le ton et défini la relation qui s'est établie par la suite entre le Canada et le Québec. Puisque ces violations de la loi ont eu l'effet voulu, c'est-à-dire battre l'option souverainiste, et que les responsables n'ont pas été punis, elles sont devenues une norme acceptable à leurs yeux. En effet, de 1995 à 2005, le leitmotiv de la relation Canada-Québec peut se résumer par la violation des lois québécoises, des compétences québécoises et de l'identité québécoise sous la forme notamment de la déstructuration économique, du scandale de la propagande et de l'imposition de la loi C-20, dite Loi sur la clarté.

Revenons à Terre-Neuve, ou mieux, aux îles de l'Atlantique Nord, dont les liens physiques et géographiques sont aussi importants que ceux liant Terre-Neuve au Canada.

L'Islande, autre île de l'Atlantique, a gagné son indépendance vis-à-vis du Danemark lors d'un référendum en 1944[23]. Il est difficile de trouver des similitudes dans les processus référendaires de ces deux îles de l'Atlantique, sauf en ce qui concerne la période historique – pendant ou peu après la Seconde Guerre mondiale –, leur situation stratégique pendant la guerre et le poids prépondérant des grandes puissances qui les entourent. L'Islande, une colonie du Danemark depuis 560 ans, a tenu un référendum le 20 mai 1944. Le peuple islandais a voté à 99 % en faveur de la dissolution de l'union avec le Danemark et de l'établissement de la République d'Islande.

Il faut préciser que ce scrutin s'est tenu dans le contexte particulier de l'occupation et d'une guerre mondiale. Dès avril 1940, l'Allemagne a occupé le Danemark. Les Britanniques ont répliqué en occupant l'Islande en mai 1941 et en la transférant aux États-Unis le 7 juillet 1941. Entre-temps, le parlement islandais a résolu en mai 1941 d'établir une république indépendante, ce que le référendum de 1944 est venu confirmer. Le Danemark qui, jusque-là, dominait l'Islande, avait été mis hors jeu et n'y pouvait rien. Les deux puissances tenant les

---

23. Les informations sur l'Islande et les comparaisons avec Terre-Neuve sont tirées principalement de Gunnar Karlsson, *The History of Iceland*, Minneapolis, University of Minnesota Press, 2000, de Gwynne Dyer, « How Confederation killed the Cod », *Globe and Mail*, 3 avril 1999, p. D-1 et « Finding the Balance, Cost benefit analysis of Confederation, Six-part series », *The Independent*, Terre-Neuve, octobre et novembre 2004.

rênes du pouvoir, le Royaume-Uni et les États-Unis, s'opposaient d'abord à l'indépendance, mais s'y sont résignées avec le temps, au gré de leurs propres succès militaires sur le front.

Bref, deux îles, deux pays qui dépendent énormément de la pêche, deux référendums tenus dans des circonstances où les influences impériales externes étaient fortes, mais deux peuples qui finissent par suivre des chemins diamétralement opposés. Si, devant la fourche, il a été difficile pour les Islandais et les Terre-Neuviens de voir ce qui pouvait se trouver au bout de l'un ou l'autre des chemins qui s'offraient à eux, il est plus facile, 60 ans plus tard, de mesurer la distance parcourue par les uns et les autres, et de porter un jugement. La différence est saisissante!

Dans les années 1930, l'Islande était plus pauvre que Terre-Neuve. Maintenant, ce pays présente un produit intérieur brut légèrement supérieur à celui du Canada, tandis que celui de Terre-Neuve est de 30 % inférieur à celui du Canada. Côté démographie, la population de Terre-Neuve a plafonné en 1993 à 580 000 personnes, et elle baisse chaque année depuis. Selon les prévisions, elle en comptera bientôt moins de 500 000. En revanche, la population islandaise continue de croître et dépassera bientôt les 300 000 habitants.

En ce qui concerne la pêche, l'Islande compte sur cette ressource naturelle et les industries connexes pour 80 % de son produit intérieur brut, tandis que la pêche terre-neuvienne est pratiquement morte. L'image de soi, celle de l'appendice terre-neuvien à l'extrême est d'une carte géographique et identitaire plutôt que celle de Terre-Neuve au cœur de sa propre carte, n'est pas étrangère à cette différence étonnante entre Terre-Neuve et l'Islande.

L'Islande, on se le rappellera, est le petit pays d'un quart de million de personnes qui, par ses actions illégales en droit international, a fait repousser les limites territoriales de tous les pays, d'abord à 20 milles marins en 1958, et ensuite à 200 milles, en 1975. «L'un des plus petits pays au monde a forcé tous les autres pays à modifier la loi parce qu'il y allait de sa survie économique», écrit Gwynne Dyer. Et, par la suite, l'Islande s'est occupé de la pêche dans ses eaux territoriales nouvellement reconnues, imposant des limites et veillant à sa reprise graduelle, de sorte que la pêche se porte très bien pour les Islandais. À titre d'exemple, l'Islande interdit la pêche dans les frayères, ce que le Canada ne fait pas.

À Terre-Neuve, par contre, même si la pêche était aussi importante pour sa population qu'elle l'était pour l'Islande, en tant que province canadienne où, selon les termes de l'union de 1949, la pêche est une compétence exclusive du gouvernement du Canada, cette activité économique ne représente qu'un intérêt accessoire pour l'économie «nationale» du Canada, à peine 1% du produit intérieur brut. Pourquoi le Canada s'en occuperait-il? «La pêche à la morue, écrit Ryan Cleary, rédacteur en chef de l'hebdomadaire terre-neuvien *The Independent*, qui est entièrement de compétence fédérale a été absolument et totalement annihilée; ce viol se poursuit parce que le gouvernement fédéral n'a pas la volonté de se grouiller pour sauver notre avenir[24].» La solution canadienne consisterait donc en assurance-chômage temporaire, en aide sociale, en exil et en promesses vides tous les quatre ans au moment des élections.

Un dirigeant politique islandais interviewé par Gwynne Dyer a déclaré: «Les Terre-Neuviens auraient peut-être agi différemment s'ils avaient été responsables de leur destin; l'indépendance a vraiment modifié le caractère national des Islandais. Lorsque la liberté est arrivée, les Islandais ont pris de la force: cette force formidable de gérer nous-mêmes nos ressources[25].»

En connaissant un peu cette histoire, on comprend mieux pourquoi le premier ministre de Terre-Neuve, Danny Williams, a ordonné, à la fin de 2004, que tous les drapeaux canadiens soient enlevés des bâtiments gouvernementaux de Terre-Neuve, après que Paul Martin a renié sa promesse faite, lors des élections de juin 2004, sur la péréquation et les redevances pétrolières. On peut sympathiser aussi avec les Terre-Neuviens qui ont dû subir l'une de ces campagnes de dénigrement systématique que le Canada maîtrise si bien, mais qui d'habitude sont réservées au Québec. Le ton, l'hyperbole et le mépris rappellent, ô combien! ce triste épisode du chiffon rouge de Bernard Landry[26].

---

24. *The Independent*, 14 novembre 2004, p. 4.

25. Gwynne Dyer, *loc. cit.*

Avant même que Danny Williams descende les drapeaux rouges des mâts terre-neuviens à Noël, en 2004, l'hebdomadaire *The Independent* de Saint-Jean à Terre-Neuve avait publié, sur une période de six semaines, un impressionnant, et convaincant, dossier sur le bilan de la confédération avec le Canada[27]. L'étude, qui comporte aussi une analyse coûts-avantages détaillée, conclut que Terre-Neuve a été perdante sur presque toute la ligne. Selon l'historien John Fitzgerald de l'Université Memorial de Saint-Jean, le problème trouve sa source dans les termes mêmes de l'union avec le Canada de 1949. « Les termes de l'union entre Terre-Neuve et le Canada ont été négociés par deux pays étrangers – le Canada et l'Angleterre – et n'ont jamais fait l'objet de débats ou discussions à Terre-Neuve. [...] Les termes ont commencé par une poignée de main entre le Canada et le gouvernement britannique à Ottawa en septembre 1945. » L'historien canadien Donald Creighton dit que cette poignée de main a engendré « l'une des transformations les plus rapides et les plus remarquables de l'histoire de l'Amérique du Nord britannique[28] ».

Les relations entre le Québec et Terre-Neuve n'ont pas toujours été faciles. Les principaux litiges officiels et visibles concernent l'entente sur Churchill Falls, où chaque partie a sa version, et le statut du Labrador, qui a vu le Canada et le Québec passer d'une relation d'alliés en 1927 devant Londres à celle d'adversaires à la suite de l'annexion de Terre-Neuve en 1949. Ce ne sont pas des litiges faciles à résoudre, surtout lorsqu'un tiers, en l'occurrence le gouvernement du Canada, tire parti des mésententes entre ces deux pays dont la séparation du Canada demeure une option actuelle et vivante.

---

26. On se rappellera que le premier ministre Landry avait déclaré au début de 2001 : « Nous ne sommes pas à vendre. Le Québec n'a pas l'intention de faire le trottoir pour un bout de chiffon rouge », en réaction contre le gouvernement du Canada qui exigeait, en retour d'une commandite, que beaucoup de drapeaux canadiens soient installés à l'Aquarium de Québec et que le bilinguisme y soit imposé. Une campagne de dénigrement du Québec s'ensuivit où Bernard Landry fut renommé, entre autres, « Oussama ben Landry ».

27. « Finding the Balance, Cost benefit analysis of Confederation », *The Independent*, *loc. cit.*

28. Donald Creighton, *The Forked Road: Canada, 1939-1957*, Toronto, McClelland & Stewart, 1976, p. 144.

Au Québec, nous nous méfions, souvent avec raison, des intentions du Canada qui pourrait se servir de Terre-Neuve contre nous. Duplessis, par exemple, s'est opposé à l'annexion de Terre-Neuve, notamment parce que le Québec n'avait pas été consulté, mais aussi parce qu'il y voyait une ruse pour ajouter 300 000 Britanniques à la population canadienne, ce qui affaiblissait le poids démographique des Canadiens français. Sur le plan historique, nous hésitons à reconnaître le long enracinement historique des Terre-Neuviens parce que nous savons que le Canada ne cherche qu'à s'en servir pour diminuer l'importance de la présence française en Amérique. Ça a été le cas d'une certaine promotion, en 1997, des voyages de Giovanni Caboto en 1497, qui visait à damer le pion aux célébrations des voyages de Jacques Cartier[29].

Du côté de Terre-Neuve, on constate une rigidité certaine de la part de dirigeants terre-neuviens ou de personnalités publiques quand il est question du Québec. Pensons seulement à Clyde Wells et à son rejet de l'Accord du lac Meech, à Brian Tobin et à son organisation du si mal nommé *love-in* ou à Rex Murphy, ce journaliste commentateur de CBC qui ne rate jamais une occasion de rabaisser le Québec ou de louanger ceux qui le font. De plus, le Canada est également passé maître dans l'art de trouver des substituts qui, pour des raisons diverses, seraient au-dessus de tout soupçon pour faire sa sale besogne contre le Québec: l'autochtone Elijah Harper pour l'Accord du lac Meech, Mordecai Richler pour le Québec « raciste », etc. Cela peut expliquer, en partie, pourquoi le Québec trouve souvent sur son chemin un porte-parole canadien originaire de Terre-Neuve qui oppose le caractère national distinct de Terre-Neuve à celui du Québec pour ainsi le rejeter ou le banaliser. « Pour moi, nous a dit Brian Tobin, la société distincte est Terre-Neuve-et-Labrador [orthographe officielle du Canada][30]. »

---

29. En 1997, deux ans après le référendum, le Canada a organisé une visite royale pour célébrer le 500ᵉ anniversaire du voyage de Caboto – que les Anglais appellent John Cabot – au « Canada », en réalité à Terre-Neuve, qu'il a déclaré être la première colonie anglaise outre-mer. La reine Élizabeth arrive à Terre-Neuve, comme par hasard, 23 juin 1997, veille de la Fête nationale du Québec.

30. Entrevue avec Brian Tobin, 3 décembre 2004.

Il est fort possible, toutefois, qu'il y ait un autre phénomène en jeu. Les Terre-Neuviens se sont fait voler leur pays lors d'un référendum, volé, lui aussi. Mais beaucoup de Terre-Neuviens ont participé pleinement à ce vol et à leur annexion au Canada. Des années plus tard, ceux qui jouent le jeu du Canada se le font sûrement reprocher par leurs compatriotes – Brian Tobin se lamente : «La moitié de la population dit que nous avons abandonné notre pays sans tirer une seule balle.» Mais là, il y a un autre peuple, un voisin, qui a une histoire similaire de 400 ans, qui s'est battu pour survivre dans des conditions géographiques, politiques et climatiques difficiles, qui a été souvent malmené par les grandes puissances, et dont une partie très importante est déterminée à hisser son propre drapeau seul sur le mât, à réaliser ses rêves, à se prendre en mains et à libérer son énergie créatrice au lieu de remiser ses rêves, ou de rentrer docilement dans le rang canadien et de baisser pavillon.

Le Terre-Neuvien devenu Canadien doit toujours se convaincre qu'il a raison, et qu'il a eu raison, que Terre-Neuve doit nécessairement faire partie du Canada, maintenant et pour toujours, que c'est dans l'ordre des choses et que toute autre option serait farfelue, inimaginable, voire illégale. Aussi, quand un Clyde Wells tue l'Accord du lac Meech, quand un Brian Tobin organise le mal nommé *love-in* du 27 octobre 1995 pour sauver le Canada et quand Rex Murphy de la CBC louange Trudeau pour avoir remis les séparatistes à leur place avec la Loi sur les mesures de guerre et le coup de force constitutionnel de 1982, est-il possible que cet acharnement s'explique par leur incapacité de supporter l'idée que, en poursuivant son rêve d'indépendance, le peuple québécois fasse ce que les Terre-Neuviens n'ont pas réussi à faire en 1948 à cause, entre autres, des politiques et des façons de faire canadiennes, qui, ironiquement, sont utilisées aujourd'hui contre le Québec, y compris par les mêmes Terre-Neuviens ? Nous verrons que la pratique des poignées de main, comme celle qui a scellé l'avenir de Terre-Neuve en 1945, et les manœuvres de coulisses sont monnaie courante dans l'histoire canadienne, notamment pour éviter de respecter la volonté populaire.

3

EMPIRE UN JOUR, EMPIRE TOUJOURS

> *On doit rééduquer les Canadiens anglais pour les délivrer de leur intolérance et de leur complexe de supériorité.*
> FRANK SCOTT[31].

Le chef du Nouveau Parti démocratique du Canada, un dénommé Jack Layton, s'est adressé aux milliers de délégués au congrès triennal du Congrès du travail du Canada réunis à Montréal le 14 juin 2005. Le clou de son discours : « C'est simple, sans le NPD pour faire fonctionner le Parlement, nous serions en période électorale aujourd'hui. » Bref, Jack Layton se vante d'avoir privé le peuple du droit de s'exprimer dans des élections. À ce message, au nom du parti social-démocrate canadien, le NPD, Jack Layton s'est permis d'ajouter des attaques personnelles contre le chef du Bloc québécois, Gilles Duceppe, qui persistait à réclamer des élections en martelant que le gouvernement libéral de Paul Martin n'avait plus l'autorité morale de gouverner. Rappelons que, depuis 1993, le Bloc québécois est devenu la voix de la social-démocratie québécoise au Parlement canadien, ayant réussi à obtenir une majorité des sièges québécois à chaque élection. L'appui constant des grandes centrales syndicales (FTQ, CSN, CSQ) au Bloc québécois

---

31. « *English Canadians bigotry, smug superiority, must somehow be educated out of them* ». L'historien Ramsay Cook cite Frank Scott dans un texte traduit publié dans *Le Devoir*, 4 juillet 2004, p. A-7. La citation vient d'un article du *Canadian Forum* de 1934.

démontre que c'est ce parti et non pas le NPD qui défend la social-démocratie à Ottawa pour le Québec.

C'est étonnant tout de même que le porte-parole de la social-démocratie canadienne se félicite d'avoir empêché la tenue d'élections, lors du fameux vote du 19 mai 2005, alors qu'il a volé au secours d'une coalition de libéraux et de conservateurs – après la défection de Belinda Stronach. Étonnant également que l'entremetteur de cette union sacrée du NPD et du Parti libéral et, plus tard, d'une aile conservatrice représentée par Belinda Stronach, n'ait été nul autre que le leader maximo du syndicalisme canadien, Buzz Hargrove.

La défection de Belinda Stronach mérite aussi qu'on s'y attarde. Le tout a commencé durant un gala organisé à Toronto pour fêter l'ancien premier ministre conservateur de l'Ontario, Bill Davis. L'événement, organisé notamment par Robin Sears, un membre bien placé du Nouveau Parti démocratique, a permis à l'ancien premier ministre libéral de l'Ontario, David Peterson, de rencontrer sa bonne amie, la conservatrice Belinda Stronach, et d'entreprendre les démarches qui aboutiront à sa nomination comme ministre libéral des Ressources humaines dans le gouvernement de Paul Martin. Mais avant que Paul Martin et Belinda Stronach ne célèbrent ce changement de parti autour d'un dîner de médaillons de cerf, à Ottawa, en présence du libéral Peterson et d'un ancien chef des communications du conservateur Brian Mulroney, le libéral Brian Tobin y a également apporté ses conseils et son appui[32].

Tous ces marivaudages politiques avaient un seul but: préserver le gouvernement libéral du Canada de la volonté populaire québécoise. Tout le monde savait que, à cause des révélations fracassantes de la Commission Gomery, le gouvernement libéral subirait une raclée au Québec. Ce soulagement d'avoir évité des élections – ouf! le peuple n'aura pas son mot à dire – était amplement exprimé aussi par la presse torontoise, *The Toronto Star* en particulier (*Election averted* était le gros titre du 20 mai 2005).

Cette union sacrée des partis politiques canadiens, qui se targuent en public d'avoir des positions contraires sur des tas

---

32. Pour une description détaillée, voir notamment *The Toronto Star*, 18 mai 2005, p. A-1.

de sujets, s'établit presque automatiquement quand l'avenir du Québec est en jeu. Au référendum de 1995, elle était solide comme le roc ; et avant l'étrange ménage à trois de mai 2005, elle était revenue en force à au moins deux reprises dans la foulée du référendum. Lorsque le conservateur Jean Charest s'est vu inviter à devenir un libéral au Québec, en avril 1998, il a reçu des applaudissements nourris des conservateurs et des libéraux, mais aussi de chaleureux mots d'encouragement de la chef du NPD, Alexa McDonough, qui, d'un coup de baguette magique, semblait faire disparaître de son discours sa rancune à l'égard des politiques néolibérales de Jean Charest, politiques dont le Québec fait les frais depuis avril 2003. Deuxième épisode de cette union sacrée canadienne : l'adoption de la loi camisole de force « C-20 », qu'on dit être sur la clarté référendaire, où néo-démocrates, alliancistes et libéraux (mais sans Joe Clark et les progressistes conservateurs) ont fait équipe. Et que dire de Jack Layton qui a dit au Hamilton Spectator, le 24 août 2005, qu'il fallait soutenir la représentation proportionnelle parce que, avec ce type de démocratie, le Québec ne pourrait plus jamais tenir de référendum !

La grande ironie de cette nouvelle version du Pacte de la famille (« *Family Compact* »), qui s'est cristallisée lors du vote à Ottawa le 19 mai 2005, c'est que ce vote a été tenu la veille de la Journée nationale des patriotes au Québec, une journée que le Canada persiste gaiement à célébrer comme *Victoria Day* ou fête de la naissance de la reine Victoria – le Canada demeurant le seul pays dans l'ancien Empire britannique à marquer cette date. Le symbolisme est édifiant : tandis que le Québec célèbre l'idée du pouvoir du peuple incarné par le Parti patriote et son chef Louis-Joseph Papineau, le Canada honore l'antithèse de l'idée de pouvoir populaire, mais aussi l'institution bourreau des Patriotes, la monarchie britannique. Pis, le souvenir du vis-à-vis de Papineau pour le Haut-Canada (l'Ontario), William Lyon MacKenzie, a été pratiquement effacé au Canada, la ville de Toronto dont il fut le premier maire n'ayant même pas de rue portant son nom. C'est en comprenant cette symbolique conflictuelle du Québec et du Canada que l'on peut mieux saisir la conduite du Canada à l'égard du Québec lors du référendum de 1995, ainsi qu'au moment de la proclamation de la Loi sur les mesures de guerre en 1970, le coup de force constitutionnel de 1982, le rejet de l'Accord du lac Meech, la « loi camisole de force C-20 », le scandale des commandites jusqu'au vote de sauvetage de Paul Martin, le 19 mai 2005.

Bref, le Canada est issu d'un empire et d'une monarchie qui ont toujours honni le pouvoir populaire et démocratique que le père des « pères de la Confédération » et premier ministre du Canada, John A. Macdonald, qualifiait de « tyrannie des masses » (*mob rule*). Le Canada n'a jamais rompu avec ce passé impérial ; au contraire, il en est fier. Et cette tradition impériale ressort surtout dans ses relations avec le Québec, comme elle l'était au cœur de l'annexion de Terre-Neuve. Le Canada garde des institutions impériales qui lui permettent d'offrir à des person-nalités publiques du pouvoir, du prestige et de l'argent afin de maintenir son emprise notamment sur le Québec. C'est sous cet angle qu'il faut voir la nomination de Michaëlle Jean au poste de gouverneure générale en août 2005 : légitimer un gouvernement libéral qui n'a pas l'autorité morale de gouverner. (Cette nomination sert aussi à légitimer le coup d'État du 29 février 2004, en Haïti, auquel le Canada a participé.) Avec la nomination de Michaëlle Jean, réputée être une indépendantiste en 1993 selon le nouveau vice-royal consort Jean-Daniel Lafond,[33] Paul Martin renoue avec une pratique introduite par Pierre Trudeau qui, en 1979, au moment où le Québec s'apprêtait à organiser le référendum de 1980, a nommé au poste de gouverneur général l'ancien premier ministre néo-démocrate du Manitoba, Ed Schreyer, question de faire l'unité contre le Québec. Or, si les nouveaux membres de la vice-royauté, Michaëlle Jean et Jean-Daniel Lafond, avaient voulu vraiment soutenir la cause de la famille, des femmes, des enfants, des Noirs et du Canada comme ils le prétendent, ils n'avaient qu'à tenter de se faire élire sous la bannière du Parti libéral pour voir si le peuple québécois était d'accord avec eux. Mais ils semblent au-dessus de tout ça, préférant la monarchie à la démocratie. Quelle triste fin de carrière

---

33. Je n'ai rencontré Jean-Daniel Lafond qu'une seule fois. C'était en 1992 ou 1993, au moment où il faisait son film sur les anciens membres du FLQ. M. Lafond m'a laissé clairement entendre qu'il était indépendantiste et que sa femme, Michaëlle Jean, l'était tout autant. Il se plaignait d'ailleurs que sa femme, « indépendantiste », se voyait obliger de travailler avec Jacques Languirand, un « archi-fédéraliste ». Les gens peuvent bien changer d'idée, mais ils ne peuvent pas nous berner sur leur passé.

pour ces deux-là! Que peuvent faire une ancienne gouverneure générale et son consort lorsqu'ils terminent leur mandat?

L'un des fondements d'un empire est justement sa capacité de faire disparaître les divisions politiques internes lorsque l'avenir de l'empire est en jeu. À titre d'exemple, pendant une bonne partie de la guerre d'indépendance d'Algérie, le slogan «L'Algérie, c'est la France» faisait l'unanimité à gauche comme à droite, à quelques exceptions notoires près – François Mitterrand le dit fièrement dans le fameux film *La bataille d'Alger*. Dans la même veine, rares étaient les Britanniques, quel que soit leur horizon politique, qui osaient contredire le cri britannique «*Ireland is Britain*» au début du XXe siècle pendant l'insurrection de 1916 et la création du *Irish Free State* en 1922, et même après. Pour le Canada, le slogan équivalent est le fameux «*My Canada includes Quebec!*» (Mon Canada inclut le Québec!) que l'on voyait affiché partout au Québec durant l'année précédant le référendum de 1995. Que représente ce slogan, sinon une déclaration impériale de possession territoriale? Un propriétaire terrien voulant confisquer les terres de son voisin érigerait une clôture et y mettrait une pancarte qui dirait sensiblement la même chose: «*My land includes your land!*»

Les empires craignent le pouvoir populaire et démocratique et font tout pour l'éviter, le contourner, le corrompre ou le subjuguer. Les décisions sont prises en conclave par des initiés, tandis que des moyens considérables sont déployés pour donner l'apparence qu'elles bénéficient d'un soutien populaire. Malgré son image internationale de grande démocratie, distincte de son puissant voisin impérial américain, le Canada possède une histoire dont les origines impériales et monarchiques ne se démentent pas.

Dans un important livre qui n'a pas eu l'écho mérité, Stéphane Kelly a tenté d'expliquer ce qui a pu amener des gens issus de ce Parti patriote dirigé par Louis-Joseph Papineau, inspiré par le républicanisme, les Lumières et la Révolution française de 1789, à épouser le projet monarchiste et conservateur que constituait la Confédération (*sic*) de 1867. Ce livre, bien intitulé *La petite loterie. Comment la Couronne a obtenu la collaboration du Canada français après 1837*, trace le portrait et suit le parcours de trois de ces anciens Patriotes: Étienne Parent, George-Étienne Cartier et Louis-Hippolyte La Fontaine. Selon

Stéphane Kelly, c'est « la soif d'ambition des hommes marquants dans la colonie » que lord Durham avait proposé de satisfaire qui les a fait renoncer à l'idéal républicain. La Couronne a fait miroiter les gratifications de la « petite loterie coloniale » pour obtenir leur collaboration. En plus de l'éclairage que Stéphane Kelly jette sur les motivations de ces trois personnalités importantes du Canada français, il démontre que le mépris du pouvoir populaire, que l'on a pu constater récemment lorsque l'union sacrée des partis politiques canadiens a sauvé le gouvernement de Paul Martin en mai 2005, trouve ses origines dans la création même du Canada.

« Au milieu du xxe siècle canadien, écrit Kelly, les intellectuels canadiens-anglais pensent en fonction de l'Empire. [...] Suivant la critique d'Edmund Burke, ils rejettent les grands principes de 1789 : l'égalité naturelle entre les hommes, la souveraineté nationale ainsi que la souveraineté populaire. [...] Conformément à la tradition loyaliste, la souveraineté populaire est condamnée avec vigueur. La carrière de John A. Macdonald est exemplaire à cet égard, car elle s'attache à combattre "la tyrannie des masses", typique de la politique républicaine. Aux yeux de Macdonald, le pouvoir démocratique est un mouvement dangereux qui agite les républiques américaines et française[34]. » John A. Macdonald n'a pas dissimulé le fait que la relation qu'il voulait établir entre le gouvernement du Canada et les provinces, dès 1867, devait ressembler à celle qui existait entre l'Empire britannique et ses colonies. En 1865, il l'a expliqué en toutes lettres : « Puisque ce sera une province unie [le Canada] avec les gouvernements et les législatures locaux subordonnés au gouvernement central et à la législature [Ottawa en l'occurrence], il est évident que le chef exécutif de chaque province doit être subordonné aussi. [...] Le gouvernement central assume à l'égard de ces gouvernements locaux la même position que le gouvernement impérial de Londres assume actuellement à l'égard de ses colonies. »

Les citations des fondateurs du Canada démontrant que ce pays a été établi sur une crainte profonde du « péril démocratique » sont nombreuses. En rappelant cette façon de voir le pouvoir populaire, on peut mieux comprendre pourquoi le

---

34. Stéphane Kelly, *La petite loterie. Comment la Couronne a obtenu la collaboration du Canada français après 1837*, Montréal, Boréal, 1997, p. 61, 67 et 68.

grand bouleversement constitutionnel de 1982 n'a jamais été soumis à l'approbation populaire. On préférait en débattre en petits groupes d'initiés où les jeux de coulisses, la corruption et le chantage font la loi plutôt que de demander au peuple de trancher.

Autant la volonté populaire semble avoir été une source de mépris et de crainte pour les pères de la Confédération, autant leur volonté d'établir un empire en Amérique du Nord à l'image de l'Empire britannique est évidente. Cet aspect de l'histoire canadienne est souvent occulté par des nationalistes canadiens qui souhaitent se montrer supérieurs aux Américains, dont le « *Manifest Destiny* » (le destin manifeste des États-Unis d'avoir un pays s'étendant d'un océan à l'autre) du xixe relèverait d'une terrible agression impériale contre les nations amérindiennes. Le récit des nationalistes canadiens modernes voudrait que l'expansion politique se soit faite sans heurts et de façon naturelle. Or, ni ceux qui l'ont faite ni ceux qui l'ont rapportée ne l'ont jamais vue de cette façon.

L'Acte de l'Amérique du Nord britannique fournissait déjà le cadre statutaire pour un dominion britannique transcontinental, selon l'historien canadien Chester Martin. En vertu de la section 146 de cet acte, il était déterminé d'avance que autant Terre-Neuve et l'Île-du-Prince-Édouard, du côté de l'Atlantique, que la Colombie-Britannique au-delà des Rocheuses s'uniraient au Canada[35]. En effet, les nationalistes canadiens ont la suffisance facile lorsqu'ils traitent du « *manifest destiny* » américain, cette idée qui a inspiré l'expansion des États-Unis vers l'ouest du continent, aboutissant notamment à la saisie des terres des autochtones et à ce que plusieurs appellent un génocide. Comme le soulignent de nombreux historiens canadiens, dont Chester Martin, le Canada bat facilement les États-Unis quant à la vitesse et à la simplicité de son expansion politique. L'expansion politique du Canada d'une mer à l'autre s'est réalisée, en gros, en moins d'une décennie, alors que celle des États-Unis, sur le plan continental, ne s'est terminée qu'en 1912 lorsque l'Arizona et le Nouveau-Mexique s'y sont joints. Au Canada, rappelle Chester Martin : « On passa d'une confédération de provinces

---

35. Chester Martin, *The Foundation of Canadian Nationhood*, Toronto, University of Toronto Press, 1955, p. 408.

égales à un empire miniature, avec un vaste domaine de territoires subordonnés à son contrôle : l'esprit dans lequel le Canada [a négocié] avec ces territoires offre un curieux parallèle avec la politique coloniale britannique de l'époque[36].» Comme nous l'avons vu dans le chapitre précédent, les Terre-Neuviens y ont goûté aussi au milieu du xxe siècle.

En 1857, la Compagnie de la Baie d'Hudson, à qui la Couronne anglaise avait généreusement donné tout le bassin versant de la baie d'Hudson et de la baie James en 1670, contrôlait le quart de l'Amérique du Nord[37]. Quelques années plus tard, dès 1870, ces terres appartenaient au Canada, en vertu d'ententes entre Londres et Ottawa, ce qui a transformé une fédération de quatre provinces en un véritable empire. Cette annexion des territoires de la baie d'Hudson, la Terre de Rupert, qui comprend tout le Nord-du-Québec et les Territoires du Nord-Ouest, était d'un arbitraire consommé : les habitants des territoires n'ayant jamais été consultés quant aux termes et aux conditions de l'annexion. La nature impériale de ces annexions est également reflétée dans la définition des terres du Dominion (comme le *public domain* aux États-Unis) qui appartenaient, en vertu des actes, au gouvernement du Canada, et non aux provinces, comme ça avait été le cas pour les provinces de l'Est. Le litige ainsi créé entre Ottawa et les provinces de l'Ouest sur la propriété des terres n'a pas été réglé avant 1928[38]. Mais sans cette définition de la propriété, il aurait été impossible de construire les chemins de fer qui visaient à affirmer la souveraineté du Canada sur ces terres, le tout sans consultation populaire. Louis Riel l'a appris à ses dépens !

Un empire est également capable de faire parler d'une seule voix le pouvoir politique et le pouvoir économique lorsqu'il y va de son intérêt. Le Canada ne fait pas exception, ni à ses

---

36. Stéphane Kelly, *La petite loterie*, op. cit., p. 66.

37. Le roi Charles II a donné à la Compagnie de la baie d'Hudson un monopole sur les 3,9 millions km^2 de terres dans le bassin versant de la Baie d'Hudson. Ces terres s'appelleront *Rupert's Land*, le prince Rupert étant le cousin du roi et premier gouverneur de la Compagnie de la Baie d'Hudson. La propriété de la partie québécoise de ces terres n'a été réglée qu'en 1975 avec la signature de la Convention de la Baie-James et du Nord québécois.

38. Stéphane Kelly, *op. cit.*, p. 434.

débuts ni maintenant. Comme le précise l'historien canadien Donald Creighton : « Au milieu du xixe siècle, la grande réussite des capitalistes canadiens-anglais était de transformer l'ancien système colonial en un nouvel Empire canadien. » Nous verrons plus loin que cette capacité de faire parler d'*una voce* tant l'aspect politique qu'économique au Canada, le fameux « Corporate Canada », est au cœur du vol référendaire du 30 octobre 1995.

L'histoire des chemins de fer canadiens figure parmi les meilleurs exemples de la collusion de l'économique et du politique. Le journaliste fouineur Gustavus Myers l'a décrit avec beaucoup d'aplomb. Il rappelle, dans son livre publié en 1914 sur l'histoire des riches au Canada (*History of Canadian Wealth*), que la Loi sur les chemins de fer de 1849 prévoyait toutes les garanties financières du gouvernement du Canada aux entreprises privées de chemins de fer. Il ajoute, toutefois, que le préambule de la loi « omet un point délicieux : les membres du même Parlement qui a adopté cette loi étaient eux-mêmes, généralement, des entrepreneurs en chemin de fer ou aspiraient de le devenir[39] ». Gustavus Myers note que, aux États-Unis, de telles connivences étaient inimaginables, à moins, bien sûr, de se faire en cachette au moyen de corruption et de chantage. Il donne l'exemple de l'origine des banques américaines de New York comme la Manhattan, la Mercantile et la Merchants', dont les chartes furent obtenues des législateurs américains au début du xixe siècle par le chantage. « Mais au Canada, note Myers, où plusieurs administrateurs de banque étaient eux-mêmes des dirigeants des conseils législatifs, le chantage n'était pas nécessaire[40]. » Paul Martin s'en est-il inspiré pour les pavillons de complaisance sur ses bateaux ?

Dans ce livre, on verra à quel point le Canada a violé allègrement les lois québécoises ainsi que le droit fondamental de la nation québécoise de décider librement de son avenir. On s'en étonne. On s'étonne qu'il le fasse, qu'il s'en vante, mais on s'étonne aussi que, sur le plan international, personne ne semble lui en tenir rigueur ! Même les souverainistes sont

---

39. Gustavus Myers, *History of Canadian Wealth*, New York, Argosy-Antiquarians Ltd., 1968, p. 159.

40. *Ibid.*, p. 161.

réticents à le dénoncer et, surtout, à internationaliser cette dénonciation.

Or, quelle que soit la façon dont on l'aborde, le comportement du Canada en 1995 est celui d'un empire. Rien de moins. En cela, il est conséquent avec sa propre histoire. L'État canadien a utilisé tout son appareil, fait peser son pouvoir politique et financier, établi l'union sacrée des partis politiques, exercé la force d'intimidation de sa majorité, sollicité et canalisé l'argent de cette majorité et des grandes entreprises étatiques ou privées relevant de lui dans le but d'asservir une nation, le Québec, et d'assujettir l'Assemblée nationale du Québec. Par la suite, dans la plus pure tradition d'une capitale impériale, il remonte sur son perchoir inattaquable et, avec sa morgue royale, refuse toute forme de collaboration avec l'État subjugué qui tente d'appliquer ses propres lois et de maintenir un État de droit.

4

« L'ARGENT

ET DES VOTES ETHNIQUES »

Wolfe et les Highlanders, *à Québec, sur les plaines d'Abraham. Il les utilisait*
tout simplement contre les Français […]. *Il avait l'intention de les exploiter*
à ses propres fins, aussi longtemps qu'ils dureraient […]. *Dans une lettre à son ami,*
il écrivit cyniquement: «S'ils meurent, leur perte ne causera qu'un bien petit fracas[41]».
ALISTAIR MACLEOD

Monsieur Parizeau a fait une erreur politique grave le soir
du 30 octobre 1995. Erreur parce que, d'abord, l'homme qui
nous a si bien, si habilement et si intelligemment dirigés durant
les trois périodes, comme il aimait le dire, et si près de la
Coupe, s'est effectivement sorti lui-même du jeu pour des
années à venir. Le récit des années de fin de siècle pendant
lesquelles le mouvement souverainiste est allé de triste défaite
en triste défaite ne se lirait pas de la même façon si M. Parizeau
n'avait pas été obligé de chauffer le banc des pénalités pendant
tout ce temps. Erreur grave aussi parce que le soir du 30 octobre
le Canada se relevait d'un électrochoc quasi mortel ! Il était sur
le carreau.

Jean Chrétien, Paul Martin, Alfonso Gagliano et les autres
avaient tellement endormi le Canada en disant qu'ils

---

41. Alistair MacLeod, *No Great Mischief*, Toronto, McClelland & Stewart, 1999,
publié en français, *La perte et le fracas*. chez Boréal en 2001. Alistair MacLeod est
un écrivain canadien dont la famille immédiate est originaire de l'Écosse, puis du
Cap Breton. Le titre de son roman s'inspire de la façon dont Wolfe a utilisé les
Highlander écossais contre les Français à Québec.

maîtrisaient la situation que, dans la dernière semaine de la campagne, alors que le OUI semblait pouvoir l'emporter, le Canada a été pris de panique. Jusque-là, il ne croyait pas que les Québécois auraient assez confiance en eux pour voter OUI. Le Canada était tellement ébranlé que, selon plusieurs, dont le journaliste Robert MacKenzie, le Québec aurait pu se reprendre six mois plus tard et remporter une victoire décisive. La déclaration de M. Parizeau a donc fourni au Canada l'occasion idéale de se réorganiser, de se refaire une virginité et de s'arroger l'autorité morale qu'il avait perdue pendant la campagne référendaire, cette autorité que le Canada affectionne tant, un peu dans l'esprit du colonisateur décrit avec justesse par Albert Memmi : « Il fera donc appel aux qualités supérieures de sa patrie d'origine, les célébrant, les amplifiant, insistant sur ces traditions particulières, son originalité culturelle. » La déclaration de M. Parizeau a donc permis au Canada de monter à nouveau sur ses grands chevaux et de faire la leçon à un Québec qui serait fondamentalement raciste.

Erreur politique, oui ! Mais sur le fond des choses, il n'y avait pas de quoi fouetter un chat.

La partie « des votes ethniques » a fait couler beaucoup d'encre depuis 10 ans. Nous y reviendrons. Moins d'encre, cependant, a coulé au sujet de « l'argent ». Il sera démontré dans ce livre à quel point l'État canadien et « Corporate Canada » ont délié les cordons de la bourse pour que le NON l'emporte. Mais quand M. Parizeau parlait de « l'argent », ce 30 octobre 1995, il visait plus large. Plus d'un mois avant la tenue du référendum, peu après le discours de Claude Garcia, ancien président de Standard Life et ténor du NON, exhortant les libéraux à « écraser » les souverainistes, M. Parizeau a expliqué aux militants et aux militantes du Parti québécois comment il voyait se dessiner la campagne référendaire qui se mettait en branle. Dans ce discours, il a abordé de front la question de « l'argent ». En voici un extrait :

> Nos adversaires ont tout l'argent du Canada, nous avons tous les amis du Québec. [...] Vous (les militants et militantes) sentez que le vent tourne, que les femmes et les hommes que vous rencontrez sont plus ouverts qu'auparavant. Leur vision du camp du NON a changé. Ils commencent à craindre les conséquences d'un NON. Pourquoi ? Parce que, depuis deux semaines, nos adversaires se sont démasqués.

Il est devenu de plus en plus clair que le NON représente aujourd'hui des forces qui, à travers notre histoire récente, ont voulu garder le Québec en arrière, ont voulu garder le Québec petit. Le camp du NON s'est transformé sous nos yeux. Il est devenu le club des milliardaires, le club des privilégiés, arrogants et menaçants. Avant, c'était la Brinks et la Sun Life qui disaient aux Québécois de s'écraser. Aujourd'hui, c'est la Standard Life et Laurent Beaudoin. On a vu leur chef de file, cette semaine, sortir de l'ombre : M. Paul Desmarais, le président de Power Corporation.

Car il faut se rendre compte : il y a quelques années, sous Robert Bourassa, on avait au Québec, l'État Provigo. C'était pas mal, c'était sympathique, un coup de chapeau à l'entrepreneurship québécois, qui entrait dans l'arène politique.

Mais aujourd'hui, avec Jean Chrétien et Daniel Johnson, le NON, c'est l'État Desmarais. Desmarais, qui n'a pas investi un seul million au Québec depuis 10 ans. Desmarais, qui fait fortune ici, mais qui a utilisé ses profits réalisés au Québec pour investir massivement à l'étranger. Desmarais, que l'ancien employé, Daniel Johnson remerciait cette semaine – remerciait – pour sa décision courageuse d'avoir gardé son siège social au Québec ces dernières années. Desmarais, qui avait propulsé la carrière politique de Pierre Trudeau, puis celle de Jean Chrétien.

Aujourd'hui, cette entreprise est au cœur du camp du NON. Le vice-président de Paul Desmarais et ancien chef de cabinet de Jean Chrétien, John Rae, est un des principaux stratèges du camp du NON. Le seul emploi que Daniel Johnson ait jamais occupé dans sa vie fut d'être le conseiller de Paul Desmarais. Son ami Paul Martin est un ancien employé de Paul Desmarais. Et, bien sûr, aux réunions familiales des Desmarais, il y avait Jean Chrétien.

Pour Jean Chrétien et Daniel Johnson, ceux qu'il faut écouter et obéir, ce ne sont pas les Québécoises et les Québécois, ce ne sont pas les représentants dûment élus, c'est la famille Desmarais. Alors ne vous étonnez pas, samedi prochain : Jean Chrétien a invité à Montréal le premier ministre chinois Li Peng. Il lui a organisé un beau programme. Il lui a organisé une rencontre privée : pas avec le président de la Banque nationale, d'Hydro-Québec ou de Cascades, pas avec le ministre québécois du Commerce extérieur ou le maire de Montréal, mais avec la famille Desmarais[42].

---

42. Archives nationales du Québec, Discours de Jacques Parizeau dans *Archives de Jacques Parizeau*, septembre 1995, accès avec autorisation nominative de Jacques Parizeau.

Comme on peut voir, M. Parizeau avait très clairement dit ce qu'il pensait du rôle de « l'argent » au moins un mois avant la tenue du scrutin.

Pour en avoir le cœur net à propos de « l'argent », nous avons demandé une entrevue avec le John Rae dont M. Parizeau parlait. Monsieur Rae a bien voulu nous recevoir dans son bureau de Power Corporation[43].

Entrer au siège social de Power Corporation, 751, square Victoria, pour une interview avec John Rae, c'est comme pénétrer dans le château de Versailles pour voir le ministre des Affaires politiques et législatives de Louis XIV. Plafonds très hauts et très ornés, comme Versailles, grande fresque de la carte du Canada du XVIIIe siècle, comme Versailles, gardiens et réceptionnistes qui disent « Oui, monsieur – *Yes, sir* », comme Versailles (sauf pour le *Yes, sir*), statues de dieux et de déesses classiques, comme Versailles, tables peu nombreuses mais datant aussi du XVIIIe, également comme Versailles. Dans la pompe, le faste et la politesse du 8e étage chez Power – il y a, en fait, deux étages qui n'en font qu'un seul pour permettre un plafond haut comme Versailles – se trouve, dans le coin sud-ouest, le bureau plus modeste de John Rae, qui fait figure de ministre des Affaires politiques et législatives du roi Paul Desmarais Ier et de ses dauphins André Ier et Paul II.

Dans cette opulence, il est très difficile de ne pas être cynique lorsque John Rae, vice-président exécutif chez Power, parle de « solidarité » et d'« inégalités sociales », sujets qu'il estime beaucoup plus importants que l'avenir du Québec. Difficile aussi de ne pas sourciller quand il déplore, selon son expression, « l'appel aux préjugés de classe » de Jacques Parizeau lorsque celui-ci a attribué la défaite référendaire à « l'argent ».

En 1995, John Rae était membre du comité exécutif du Comité pour le NON, responsable, entre autres, des relations entre le Parti libéral du Canada et le Comité pour le NON. Très proche de l'ancien premier ministre Jean Chrétien depuis 1967, John Rae a organisé deux campagnes à la direction du Parti libéral du Canada pour M. Chrétien (1984 et 1990), et trois campagnes électorales (1993, 1997, 2000), en plus d'avoir

---

43. Entrevue en anglais avec John Rae, 24 novembre 2004.

travaillé très fort pour le NON en 1995. Frère aîné de Bob Rae, ancien premier ministre de l'Ontario et, en 2005, président du Conseil de l'unité canadienne, John Rae ne cherche pas à faire la vedette; mais une lecture attentive des années Chrétien permet de voir qu'il avait une grande influence politique pendant cette période. Par exemple, à Halifax, en juillet 1995, il faisait partie du quatuor de golf réunissant le président Bill Clinton, James Blanchard, ambassadeur des États-Unis au Canada, et Jean Chrétien[44]. Aussi, à 6 heures, chaque matin de la campagne référendaire, John Rae prenait le petit-déjeuner avec d'autres leaders du NON, dont le sénateur conservateur et représentant à l'époque de Jean Charest, Pierre-Claude Nolin[45].

Le 23 avril 1996, le directeur général des élections du Québec a rencontré John Rae dans le cadre d'une enquête sur la «marche pour l'unité» tenue le 27 octobre 1995[46]. Aucune poursuite n'a découlé de cette rencontre parce que, selon Pierre-F. Côté, le DGE n'avait «aucune prise» sur le Comité pour le NON. Il n'est pas surprenant, toutefois, que le DGE se soit heurté à un mur chez John Rae de Power Corporation, car celui-ci maîtrise merveilleusement la langue de bois et l'art d'être obtus. Or, comme nous verrons plus loin, le DGE avait raison de soupçonner M. Rae et Power Corporation.

Voici un résumé de l'entrevue que m'a accordée M. Rae le 24 novembre 2004.

Robin Philpot: Combien le *love-in* du 27 octobre 1995 a-t-il coûté? Comment a-t-il été organisé?

John Rae: Je n'ai pas dépensé un sou. Nous n'avons pas dépensé un sou. Ce n'était pas un rassemblement qui s'est produit à cause de l'argent. C'est ce que j'ai dit aux enquêteurs, c'est ce que je vous dis. [...] C'était de la combustion spontanée et de la conception immaculée (*spontaneous combustion and immaculate conception*). Il s'est produit parce que les gens aiment leur pays passionnément. L'argent n'y avait rien à voir.

Robin Philpot: Mais qui a payé les avions et les autobus?

---

44. James Blanchard, *Behind the Embassy Door: Canada, Clinton and Quebec*, Toronto, McClelland & Stewart, 1998, photo p. 188.

45. *The Gazette*, 20 mars 1997, p. A-8.

46. Lettre du DGE, datée du 29 octobre 2004 et faisant suite à une demande d'accès à l'information.

John Rae: *This is peanuts. It doesn't matter. That's not serious.* (De la petite bière. Aucune importance. Ce n'est pas sérieux.)

Robin Philpot: Le Parti libéral du Canada s'est engagé à financer la marche pour l'unité à raison de 100 000 $. A-t-il fourni cet argent?

John Rae: Je n'avais pas de responsabilité pour les dépenses.

Robin Philpot: Beaucoup d'argent a été dépensé, des millions, n'est-ce pas?

John Rae: Non! Non! Qu'est-ce que c'est beaucoup d'argent pour vous? Je n'ai jamais lu un mot à ce sujet!

Robin Philpot: Avez-vous déjà entendu parler d'Option Canada, l'organisme créé par le Conseil de l'unité canadienne qui a reçu 4,8 millions de Patrimoine Canada avant le référendum?

John Rae: Je ne sais pas de quoi vous parlez. Si ce pays ne peut pas se défendre, nous ne formons pas un pays. Si vous cherchez à trouver des traces d'argent, vous êtes sur la mauvaise piste. C'est accessoire, ça.

Robin Philpot: Est-ce que Ottawa devrait respecter les lois du Québec dans un référendum?

John Rae: Je suis Canadien. Je crois qu'il faut défendre mon pays. Quant aux questions techniques dans tout ça, essentiellement, c'est la responsabilité du gouvernement fédéral de veiller sur les intérêts des Canadiens. C'est pour ça qu'on a la Loi sur la clarté (C-20).

Robin Philpot: Que pensez-vous du scandale des commandites et de l'argent canalisé vers le Parti libéral du Canada?

John Rae: Je ne sais pas de quel scandale vous parlez. Quel scandale? Je n'ai jamais entendu de commentaires en ce sens! (*I don't know what scandal you're talking about. What's the scandal? I've never seen any comment to that effect.*)

Robin Philpot: Comment décririez-vous le Québec? Est-il une nation?

John Rae: Non!

Robin Philpot: Une société distincte?

John Rae: Je ne m'excite pas au sujet des mots. Le Québec est distinct. L'Île-du-Prince-Édouard est distincte. La Colombie-Britannique est distincte. Le nord de Toronto est distinct.

Robin Philpot: Selon vous, qui est-ce que M. Parizeau visait dans sa déclaration du 30 octobre sur « l'argent et des votes ethniques » et particulièrement sur « l'argent » ?

John Rae: Il faisait appel à des préjugés, des préjugés de classe.

Robin Philpot: Qu'est-ce qui est arrivé à tous les documents et rapports du Comité pour le NON pendant le référendum ?

John Rae: Je n'en ai aucune idée.

Le DGE n'a rien trouvé chez M. Rae de Power Corporation. Pour ma part, je suis sorti de l'opulence versaillaise de Power en me disant que je n'étais pas beaucoup plus avancé dans ma recherche sur « l'argent » du référendum. Heureusement que les langues finissent par se délier, c'est ce qui m'avait amené à demander une entrevue avec John Rae. Car une source très sûre, qui requiert l'anonymat, nous a déclaré ce qui suit :

« Rien n'a été découvert chez Power et chez M. John Rae simplement parce que M. Rae a fait déchiqueter, peu après le référendum, au moins 30 boîtes de documents portant, entre autres, sur les dépenses effectuées pendant la période référendaire. Des pages et des pages de listes de personnes et d'entreprises de partout qui ont donné de l'argent pour la campagne du NON, talons de chèque faits par le Parti libéral du Canada, Power et d'autres, dépenses de téléphone, chambres d'hôtel, tout y était, tout était bien détaillé pour la période du référendum de 1995. Pour se débarrasser de ces documents incommodes, M. Rae a d'abord voulu passer par un ami à la Ville de Montréal qui lui avait offert de faire incinérer les 30 boîtes. Toutefois, sachant que ce serait des cols bleus de la Ville qui seraient chargés de faire le travail et doutant de la confidentialité de l'opération, M. Rae s'est ravisé et les a fait déchiqueter progressivement, une boîte à la fois, par des employés de Power Corporation et dans les bureaux de Power, vraisemblablement avant que les enquêteurs du DGE ne lui rendent visite le 23 avril 1996[47]. » Cette histoire explique sûrement la frustration évidente et l'agressivité de John Rae dès qu'il a été question d'argent dans l'entrevue qu'il nous a accordée le 24 novembre 2004.

---

47. Nous tenons cette information d'une source très sûre, mais nous respectons sa volonté de garder l'anonymat.

La politique d'intervention des entreprises privées canadiennes dans la campagne référendaire québécoise de 1995 a été mise en branle dès février 1995. En effet, le Bureau du Conseil privé, à Ottawa, a expédié aux grandes banques et entreprises canadiennes une lettre de quatre pages les exhortant à participer activement à la campagne référendaire. La lettre a été rédigée par un groupe-conseil établi en janvier 1995, groupe qui se rapportait directement au premier ministre Jean Chrétien et au président du Conseil privé, le ministre Marcel Massé. La lettre demande aux entreprises de faire participer leurs cadres aux débats, de faire de la publicité corporative ayant des messages clairement favorables à « l'unité nationale » avec, en toile de fond, le drapeau canadien et d'autres symboles canadiens. Elle les invite à « faire ressortir les impacts économiques négatifs » et à passer des messages où les menaces sont à peine voilées[48].

Une autre source mystérieuse d'argent dépensé pendant le référendum en violation des lois québécoises a été Option Canada. Son président fondateur était Claude Dauphin, alors dirigeant du Conseil de l'unité canadienne, qui s'est recyclé en politique municipale, à Montréal, où il sévit comme membre du comité exécutif et maire de l'arrondissement de Lachine. Parmi les autres fondateurs, signalons Michel Vennat, Jocelyn Beaudoin et René Lemaire, tous des dirigeants du Conseil de l'unité canadienne. Rappelons que Michel Vennat, comme président de la Banque de développement du Canada, a participé au transfert d'argent des commandites, sans contrat écrit, à l'entreprise de Robert-Guy Scully, « L'Information essentielle ». C'est Robert-Guy Scully qui a produit la série *Le Canada du millénaire*. Pour sa part, le groupe Option Canada s'est incorporé le 7 septembre 1995, moins de huit semaines avant le référendum.

Voici comment Pierre-F. Côté, ancien directeur général des élections du Québec, décrit son enquête sur Option Canada : « Les 4,8 M $ versés par Patrimoine Canada, on a fait des enquêtes là-dessus. On n'a jamais été capable de savoir où est allé l'argent. Il y avait un bureau à Montréal quelque part. Ils n'ont jamais voulu répondre à nos questions. On est à peu près

---

48. *The Globe and Mail*, 21 février 1995, p. A-1.

certain que les 4,8 M$ ont servi à l'organisation de la marche pour l'unité, le *love-in*[49].» Selon le directeur général d'Option Canada, René Lemaire, qui est retourné au Conseil de l'unité canadienne, les dirigeants du Conseil de l'unité canadienne avaient voulu créer un «bras politique» parce que la constitution du CUC ne lui permettait pas de s'engager dans les affaires politiques[50]. Option Canada devenait donc le «véhicule» pour rassembler tous les partis politiques, et l'argent. Le président du Conseil de l'unité canadienne, Peter White, alors bras droit de Conrad Black, a décrit Option Canada comme «une conduite, un point de dépôt ou de collecte pour des fonds fédéraux et privés qui devaient servir à soutenir le NON». Selon Lemaire, dès avril 1995, Option Canada recueillait, de sources privées et d'entreprises, des fonds importants qui ont servi à payer des consultants en sondages, en communications et en organisation au niveau des circonscriptions. La subvention de 4,8 M$ de Patrimoine Canada est venue «remplir» les coffres déjà bien garnis d'Option Canada. En effet, Patrimoine Canada a accordé une première tranche de 1 M$ le 24 septembre 1995, seulement 17 jours après l'incorporation d'Option Canada. Deux autres tranches de 2 M$ et de 1,8 M$ ont été versées le 2 octobre et le 20 décembre respectivement, la dernière tranche permettant de régler les comptes en souffrance. Contrairement au Conseil de l'unité canadienne, son rejeton Option Canada n'était pas tenu de soumettre ses états financiers à l'examen public.

Claude Dauphin, membre du comité exécutif de la Ville de Montréal, refuse de parler de son rôle au référendum de 1995. Après avoir accepté notre demande d'entrevue, son adjointe a rappelé en juillet 2005 pour l'annuler parce que, selon elle, «M. Dauphin se concentre sur les affaires municipales maintenant». C'est tout de même scandaleux que quelqu'un qui avait la responsabilité de dépenser 4,8 M$ de fonds publics, venant directement de nos poches, refuse de dire comment il les a dépensés et se défile en disant qu'il est maintenant passé à autre chose.

---

49. Entrevue avec Pierre-F. Côté, 25 août 2004.

50. *The Gazette*, 20 mars 1997, p. A-1 et A-8 ; entrevue avec Claude Dauphin en date du 25 juillet 2005.

Pour sa part, René Lemaire travaillait toujours pour le Conseil de l'unité canadienne quand nous l'avons joint en juin 2005. Lui aussi est un spécialiste de la langue de bois, de l'art d'être obtus et de passer à autre chose: «Je n'ai aucun commentaire au sujet d'Option Canada. C'est une époque de ma vie qui est passée», nous a-t-il déclaré.

«Est-ce que les informations dans *The Gazette* du 20 mars 1997 sont bonnes? Voulez-vous rétablir les faits?»

René Lemaire: «L'article est tout de travers. Mais je n'ai plus aucun commentaire à faire.»

«En plus des 4,8 M$ de Patrimoine Canada, Option Canada a reçu beaucoup d'argent d'entreprises privées? Quelles entreprises l'ont financé?»

René Lemaire: «Je ne suis plus là. Je ne ferai aucun commentaire.»

«Qu'est-ce que vous avez fait avec tout cet argent?»

René Lemaire: «Nous avons remis un rapport au ministre et le ministre était satisfait. Je n'ai plus rien à dire de cette époque de ma vie[51].»

Il serait étonnant même que le ministre ne soit pas satisfait. En effet, ce ministre à qui Option Canada a remis le rapport était nulle autre que Sheila Copps, nommée dès janvier 1996 dans la foulée du référendum.

Un autre montant d'argent important dont peu de gens parlent, ce sont les 2,5 M$ donnés par le Conseil privé au Bureau des relations intergouvernementales, organisme remis sur pied au début de l'été 1995 pour être au service du Comité pour le NON au Québec, à partir d'une tour du centre-ville d'Ottawa. En plus du budget de 2,5 M$, cette «Opération unité», telle que présentée sur l'organigramme du Conseil privé, pouvait compter sur une soixantaine de fonctionnaires fédéraux qui travailleraient pour le NON jusqu'au scrutin. Selon Lucienne Robillard, ministre fédérale chargée de la campagne référendaire, le budget de 2,8 M$ devait servir à payer des contrats de recherche pour développer des argumentaires. *La Presse* précise notamment que, avec cet argent, des contrats ont été accordés à «des gens qui connaissent bien la pensée souverainiste, tels que le politicologue Stéphane Dion de l'Université de Montréal[52]». Ce point

---

51. Entrevue avec René Lemaire du CUC, 16 juin 2005.

est délicieux car, pendant toute la campagne référendaire, Stéphane Dion, alors politicologue, a été l'universitaire de service de Radio-Canada, invité à commenter de façon désintéressée la campagne. En réalité, Stéphane était un contractuel du Conseil privé du Canada chargé de développer des argumentaires pour le NON. C'est comme si, après une catastrophe écologique causée par une grande entreprise, on invitait un employé du service des communications de cette même entreprise à commenter la catastrophe en le présentant simplement comme un chercheur universitaire. Quelques mois après le référendum, Jean Chrétien nomme Stéphane Dion ministre des Affaires gouvernementales, en même temps qu'il envoie Sheila Copps au ministère du Patrimoine canadien.

Pierre-F. Côté, homme sobre et mesuré, s'il en est, devient excédé quand il parle de l'argent dépensé en 1995 en violation de la Loi sur la consultation populaire adoptée par le Québec.

> Est-ce qu'on est dans un État de droit? Il faut se poser la question. Si on est dans un État de droit, on a le pouvoir d'avoir la législation qui découle de cet état de fait. Le Québec s'est doté d'une Loi sur la consultation populaire qui est de son ressort exclusif, toujours dans un État de droit, mais j'arrive à la conclusion que nous sommes dans un État de demi-droit au Canada, parce qu'on n'a pas la capacité de faire observer notre législation référendaire qui est dûment adoptée, qui est correctement adoptée, qui a une existence légale que personne ne peut attaquer [...]. Ce qui est important, c'est un déni de droit.

> Alors, la question: est-ce qu'il y a des législations fédérales à l'égard desquelles, nous, on pourrait dire: "Non, nous, on ne l'applique pas." Ils diraient "C'est une loi fédérale, vous y êtes assujettis", et nous dirions "Vous n'observez pas les nôtres, on ne l'appliquera pas". Jusqu'où peut-on aller? Actuellement, ça prend l'allure de deux attitudes; l'attitude juridique du fédéral: on va avoir la Loi sur la clarté pour forcer la main, et une attitude carrément d'approche financière, l'achat des votes, influencer les électeurs, on voit les déclarations de Chuck Guité, c'est 11,8 M$. Mon calcul que c'est 11,8 M$, plus les 4,8 M$, plus de 15 M$ avant le référendum. Ce qui est surprenant, c'est que ça ne soulève pas le dégoût! On veut nous acheter, pis on ne dit pas un mot. On arrête là. On est à vendre[53].

---

52. *La Presse*, 5 septembre 1995, p. B-6.

53. Entrevue avec Pierre-F. Côté, 25 août 2004.

Au moment de l'entrevue avec Pierre-F. Côté, le Venezuela venait de tenir un référendum où le peuple a voté en faveur de Hugo Chavez et de sa révolution bolivarienne avec un résultat de 58 % contre 42 %. Mais, avant et pendant la campagne référendaire, Washington avait versé des millions de dollars au camp opposé à Chavez par le biais du véhicule appelé le « National Endowment for Democracy » (NED), financé par le département d'État américain. Pierre-F. Côté n'hésite pas à affirmer que le comportement de l'État canadien avant et pendant la campagne référendaire québécoise en 1995, avec des « véhicules » comme Option Canada, a été « analogue » à celui des États-Unis à l'égard du Venezuela.

« Vous savez la question que je me pose finalement : quelle sorte de violence peut-on utiliser à l'égard de l'émancipation d'un peuple ? Quelle sorte de violence utiliser face au désir d'émancipation d'un peuple ? Les forces armées, le trucage, le vol, les dépenses électorales, l'argent. L'un des éléments fondamentaux d'une démocratie, c'est la liberté. Alors jusqu'où va-t-on pour bafouer la liberté des individus et d'un peuple finalement ? »

Voilà donc les paroles, non pas de Jacques Parizeau, qui serait mû, selon John Rae, par quelques terribles « préjugés de classe », mais d'un juriste prudent et respecté dont la neutralité est légendaire.

***

Dans le prochain chapitre, « L'arroseur arrosé », nous aborderons un pan de la politique « des votes ethniques » de l'État canadien et de sa tournure ironique quelques années plus tard. Mais nous ne sommes pas à une ironie près.

L'histoire la plus ironique « des votes ethniques » pendant la campagne de 1995 est sans doute celle de la mobilisation ethnique en faveur du NON par une coalition des trois communautés « ethniques » les plus nombreuses du Québec, soit les communautés grecque, italienne et juive, le tout alimenté par la peur traditionnelle que sèment le Parti libéral du Canada et son petit frère, le Parti libéral du Québec.

Les dirigeants de ces trois communautés, qui ont établi leur coalition dès l'été 1995, ont notamment tenu une conférence de presse le mardi 24 octobre pour inciter les Grecs, les Italiens et les Juifs du Québec à voter NON. Lors de la conférence de presse, Me Athanasios Hadjis, vice-président du Congrès hellénique du Québec, Me Tony Manglaviti, du Congrès national italo-canadien pour la région du Québec, et Me Reisa Teitelbaum, présidente de la section québécoise du Congrès juif canadien, ont vanté le fait que leurs communautés réunissaient quelque 400 000 personnes, soit 6 % de la population québécoise, et que celles-ci voteraient à 90 % pour le NON. Mais, dans le même souffle et avec un raisonnement qui défie la logique, ils ont mis les dirigeants souverainistes en garde de ne pas faire de distinction entre le vote des minorités et le vote de l'ensemble de la population québécoise. C'est l'histoire du beurre et de l'argent du beurre : d'un côté, on joue la carte ethnique sans broncher pour faire le plein des votes pour le NON, et de l'autre, on crie au racisme à l'idée qu'un souverainiste puisse oser décrire ce qui s'est passé.

Nick Katalifos était secrétaire du Congrès hellénique en 1995, avant d'accéder à la présidence quelques années plus tard. Il a participé à la mise sur pied de la coalition référendaire des communautés hellénique, italienne et juive. Dix ans après le référendum, il fait remarquer que le comportement de ces trois communautés s'explique en partie par le moule dans lequel elles, et les individus qui les forment, ont évolué depuis leur arrivée au Québec. Nick Katalifos n'est pas tendre à l'endroit du Parti libéral et des relations que celui-ci entretient avec les communautés culturelles. « Le Parti libéral a toujours donné le message que les communautés culturelles seraient dans une situation extrêmement difficile si le Québec devait se séparer. Qu'on le veuille ou non, les gens de ces communautés continuent à le croire. Si, d'ailleurs, vous venez d'une zone en guerre ou d'une zone ayant des problèmes de faim, vous allez sûrement craindre l'instabilité. »

À la question de savoir si ces communautés rétabliraient une telle coalition lors d'un autre rendez-vous référendaire, Nick Katalifos répond qu'il s'agit toujours d'une question de stratégie. « En 1995, nous croyions que le NON allait l'emporter, mais nous savions qu'il y avait un petit risque en nous engageant ainsi. […] Les choses ont changé depuis 1995. Notre génération [Nick Katalifos est né à Montréal en 1966] a grandi avec ce débat, des élections québécoises remportées par le Parti québécois, deux référendums sur la souveraineté. Nous sommes plus instruits que nos parents, nous comprenons comment la politique se fait et nous pouvons demander et obtenir voix au chapitre. Par conséquent, la question de la souveraineté ne nous fait plus peur. Pour nous, les questions importantes sont maintenant l'emploi, la stabilité, et non pas la crainte de faire l'objet de discrimination au Québec. La différence aujourd'hui entre nous et d'autres Québécois, c'est que nous pouvons nous sentir à la fois Canadiens et Québécois, mais nous ne sentons pas le conflit entre le Québec et le Canada comme d'autres Québécois peuvent le sentir. Pour ma part, je suis Montréalais, j'adore cette ville d'idées, de culture, elle est formidable. Je hais Toronto.»

L'ethnicisation de la politique est aussi vieille que le Canada lui-même. Comme l'a démontré avec brio Guy Bouthillier dans son livre *L'obsession ethnique* publié en 1997, elle est au cœur du système de défense du Canada[54]. Elle était tantôt à l'avant-plan dans la campagne référendaire, tantôt seulement en filigrane. Plusieurs commentaires faits durant la campagne référendaire, peu après ou encore dix ans plus tard, ne laissent pas de doute que la stratégie canadienne contre le Québec table sur les divisions ethniques, mais souvent elle est enrobée dans un discours faussement savant sur la démographie au Québec.

À titre d'exemple, Christos Sirros, ancien député et ministre libéral devenu délégué général du Québec à Bruxelles, a déclaré en septembre 1995 sur les ondes de CFMB, un poste privé desservant les «communautés ethniques de Montréal», que, «si le OUI ne passe pas cette fois-ci, il ne passera jamais, à cause de l'immigration et du vieillissement de la population». Aussi, au lendemain du référendum, l'ancien premier ministre de l'Ontario, David Peterson, a repris cette idée à la télévision quand il a déclaré essentiellement que le Canada pourrait dorénavant battre le Québec à cause des changements démographiques résultant de l'immigration. En entrevue

---

54. Guy Bouthillier, *L'obsession ethnique*, Outremont, Lanctôt éditeur, 1997.

dix ans plus tard, les deux anciens ministres canadiens Sheila Copps et Brian Tobin ainsi que John Honderich, qui a dirigé le *Toronto Star* en 1995, ont déclaré que le mouvement souverainiste ne serait plus capable d'obtenir un vote aussi fort qu'en 1995 pour des raisons démographiques. Sans qu'ils le disent carrément, leur message était clair : le Canada viendra à bout du mouvement souverainiste en isolant des autres Québécois les « Canadiens français », dont le taux de fécondité est actuellement très bas.

Au mouvement souverainiste d'en tirer les leçons !

5

L'ARROSEUR ARROSÉ :

LES CITOYENS INSTANTANÉS

Le lundi 29 avril 2002, tous les services de communications et de relations publiques du Canada aux États-Unis étaient sur un pied d'alerte. John Manley, vice-premier ministre et président du comité spécial du Conseil des ministres sur la sécurité publique et l'antiterrorisme, avait déjà préparé et expédié des notes explicatives à environ 600 leaders d'opinion américains, dont des journalistes et superviseurs des grands médias, des dirigeants d'organisations de recherche et d'analyse, et des élus au Sénat américain et à la Chambre des représentants. L'ambassadeur canadien à Washington, Michael Kergin, avait rendez-vous le matin du 29 avril 2002 avec l'équipe de rédaction du *New York Times*. Il restera à vérifier si les boîtes de communications et de relations publiques qui se sont tant dévouées à la cause du Canada dans le programme des commandites étaient aussi prêtes à servir. Tout ce branle-bas de combat visait à démentir, une fois pour toutes, une accusation venant des États-Unis qui ne cessait de coller à cette image de marque du Canada comme de la gomme sur un pupitre d'écolier. C'était le lendemain d'une émission de *60 Minutes* sur le réseau CBS où on avait accusé carrément le Canada d'être une passoire pour les terroristes; les méthodes de vérification des demandes de citoyenneté et de passeports au Canada ne seraient pas à la hauteur. De plus, *60 Minutes* avait trouvé, entre autres, une source, un ancien agent du SCRS, qui confirmait l'accusation.

« Irresponsable ! Je reste bouche bée ! Ils dépassent les bornes ! Comment osent-ils répéter cette accusation ? Et eux, les Américains, qu'ont-ils à dire ? Les terroristes du 11 septembre n'avaient-ils pas tous immigré sans problème aux États-Unis ? » Voilà en bref la teneur de la réaction indignée des porte-parole canadiens.

L'émission *60 Minutes* faisait suite à des accusations qui pleuvaient depuis le 11 septembre 2001, accusations qui ne venaient pas de quidams. En conférence de presse le vendredi 25 janvier 2002, par exemple, le ministre américain de la Justice, John Ashcroft, a lancé une bombe diplomatique lorsqu'il a identifié deux citoyens canadiens comme étant des terroristes affiliés à Al-Qaeda. Le lendemain, Bill Graham, ministre des Affaires étrangères, s'est indigné lui aussi, insistant que le Canada n'était pas une passoire.

L'élément le plus drôle, le plus troublant et, pour l'État canadien, de loin le plus embarrassant de toute cette histoire, c'est que le présumé terroriste identifié par John Ashcroft en janvier 2002, un dénommé Al Rauf Al-Jiddi, a obtenu sa citoyenneté canadienne... en octobre 1995[55]. Ce petit détail posait un gros problème pour le Canada, tant à l'étranger qu'à l'intérieur du pays. Comment établir une défense publique et médiatique dans ce cas précis, sans mentionner que M. Al-Jiddi a bénéficié, comme au moins 14 000 autres immigrants, du processus de naturalisation accéléré mis en place spécialement pour la campagne référendaire de 1995 au Québec ? Comment démentir les accusations américaines en sachant pertinemment que l'État canadien, sous les instructions précises du gouvernement libéral, s'est volontairement transformé en passoire en 1995 dans le but de grossir le nombre d'électeurs susceptibles de voter NON ? D'autant plus que les autorités américaines, avec leurs puissants services de renseignements, n'étaient sûrement pas dupes : cela peut même expliquer pourquoi elles se permettaient de lancer si rapidement des accusations.

---

55. *The Washington Times*, 29 janvier 2002, p. A-10. À notre connaissance, aucun journal canadien n'a précisé que M. Al-Jiddi a obtenu sa citoyenneté en octobre 1995, se contentant de ne mentionner que l'année 1995. Or, il s'agit d'un détail très important. L'orthographe anglaise de son nom est « Abderraouf Jdey ». Le gouvernement américain offre une prime de 5 millions de dollars pour des informations pouvant mener à son arrestation.

Impossible non plus, pour le Canada, d'avouer sa faute, de s'en excuser et de dire candidement que ce n'était qu'un relâchement volontaire pour une bonne cause, le temps d'un référendum. Si les porte-parole canadiens avaient agi ainsi, ils auraient provoqué une autre crisette d'unité canadienne. La défense des représentants du Canada à ce moment-là était donc boiteuse et peu crédible, et elle le demeure aujourd'hui. Parce que, à l'automne 1995, le Canada n'a pas hésité à brader sa citoyenneté, qui, dans la plupart des pays, est une chose quasi sacrée. Songeons à l'image de Jean Charest brandissant solennellement son passeport canadien devant 100 000 personnes lors du mal nommé *love-in* le 27 octobre 1995, alors que, à cinq minutes de marche, au complexe Guy-Favreau, à Montréal, la fabrique de citoyens instantanés avait fonctionné à plein régime jusqu'au 20 octobre, contournant règles et procédures et faisant passer de neuf mois à quelques jours ou semaines les délais de vérification habituels. Et M. Al-Jiddi en a profité.

Les témoignages à ce sujet sont nombreux. Celui de Bruno Ricca est éloquent[56].

Bruno Ricca et sa conjointe Virginie Berthonnet ont immigré au Canada le 13 juin 1992. Ils ont attendu les trois ans réglementaires avant de demander la citoyenneté canadienne. Le 14 juin 1995, ils déposent leur demande et s'attendent à obtenir la citoyenneté environ neuf mois plus tard, soit en février ou en mars 1996. Mais surprise, par un miracle qu'ils ne comprenaient pas encore, ils sont convoqués pour une cérémonie de naturalisation au début de septembre 1995, moins de trois mois après en avoir fait la demande. Bruno et sa conjointe se présentent au complexe Guy-Favreau. Voici la description qu'il fait de l'événement: file d'attente avant d'entrer dans la grande salle; 150 personnes à la cérémonie; toutes ensemble, elles jurent leur allégeance à la reine Élisabeth II en levant leur bras droit, un peu à l'image de ces mariages collectifs avant la Seconde Guerre mondiale; dans la salle, parmi les 150 personnes, dont 48 de nationalités différentes, ils se rendent compte que plusieurs ne parlent ni l'anglais ni le français et ont de la difficulté à suivre la cérémonie; ils doivent répondre à un questionnaire à choix multiples, impossible de se tromper;

---

56. Entrevue avec Bruno Ricca, 14 mai 2005.

après le serment, ils chantent *Ô Canada* en *lip-sync*; une fois le tout terminé, un monsieur se promène dans la salle en disant: «Maintenant que vous êtes citoyen du Canada, vous savez pour qui voter»; on vide la salle rapidement pour faire place aux 150 personnes qui attendent patiemment à l'entrée, sont prêtes pour la prochaine cérémonie. Bruno se dit chanceux d'avoir obtenu la citoyenneté en moins de trois mois, mais signale qu'une copine à eux l'a reçue en moins de trois semaines.

«La façon dont cela se passait nous a vraiment frappés, dit Bruno Ricca; on se doutait qu'il y avait quelque chose de spécial qui se faisait. On voyait bel et bien que c'était la rapidité qui l'emportait sur les vérifications. Il n'y avait pas le temps de faire toutes les vérifications nécessaires. Mais pour être le perturbateur, parce que je voyais qu'ils voulaient acheter mon vote au référendum en m'accordant rapidement la citoyenneté, j'ai voté OUI!»

Ce processus accéléré contraste terriblement avec ce qui se passe en dehors de la période référendaire. Me Daniel Paquin, spécialiste en droit de l'immigration, note: «Les grand-mamans qui ne parlaient pas un mot de français ou d'anglais et qui obtenaient la citoyenneté dans les mois précédant le référendum ne l'obtiennent plus – pas assez de connaissance du français ou de l'anglais, ou de l'histoire canadienne.»

Dès le mois de mai 1996, on commençait à saisir l'ampleur de l'opération mise sur pied par le gouvernement du Canada pour faire augmenter l'appui au NON par le truchement de l'octroi précipité de la citoyenneté canadienne: une opération que Benoît Corbeil, ancien directeur général du Parti libéral du Canada (Québec), a dénoncée en avril 2005 avant de témoigner devant la Commission Gomery, mais que les membres du gouvernement canadien avaient tout fait pour dissimuler au moment où elle battait son plein sous nos yeux au cœur de Montréal. En effet, le recherchiste indépendant, Ken Rubin, spécialiste de la Loi sur l'accès à l'information, a obtenu des notes de service internes du gouvernement fédéral, dont le contenu a été rendu public par Chantal Hébert, alors journaliste à *La Presse*[57].

---

57. En page A-1 de *La Presse* du 4 mai 1996, Chantal Hébert soulève qu'il s'agissait d'un coup monté; Ottawa a caché l'envergure de l'opération citoyenneté à la veille du référendum.

En résumé, la direction de l'opération se faisait à partir d'Ottawa, plus spécifiquement du bureau d'un sous-ministre adjoint de Citoyenneté et Immigration Canada, qui recevait quotidiennement des rapports sur l'évolution de la situation. La coordination se faisait au plus haut niveau à Ottawa, à Montréal et à Sydney, en Nouvelle-Écosse, où les demandes étaient traitées. Par les dates des notes de service, on peut déduire que les fonctionnaires faisaient des heures supplémentaires, travaillant notamment le samedi et le dimanche dans le but de naturaliser un maximum de citoyens avant la date limite du 20 octobre et ainsi de leur permettre de s'inscrire sur la liste électorale. Il fallait disposer rapidement de toutes les demandes en attente, comme celles de Bruno Ricca, de Virginie Berthonnet et de M. Al-Jiddi, mais aussi accueillir et traiter 3 600 nouvelles demandes reçues pendant le dernier mois avant le 20 octobre.

Ces demandes de citoyenneté sont-elles arrivées naturellement ? Ou ont-elles été sollicitées dans une opération coordonnée par le Parti libéral du Canada ? Autant de questions qui restent sans réponses.

Selon Jean-François Lisée, pendant le seul mois précédent le 20 octobre, le Canada a naturalisé 11 500 personnes au Québec, soit 580 personnes pour chacun des 20 jours ouvrables, ce qui donne tout son sens à la description de la cérémonie de naturalisation faite par Bruno Ricca : files d'attente, salles bondées, roulement qui ressemblait à une opération d'urgence réalisée en temps de guerre[58].

Jean-François Lisée a également évalué l'impact global de cette opération sur le référendum de 1995. En comparant le nombre annuel de naturalisations entre 1988 et 1998, qui était en moyenne de 21 733, au nombre de naturalisations pendant les deux années de pointe de 1994 et les 10 premiers mois de 1995, soit l'année de l'élection du Parti québécois et du référendum, Lisée montre que 42 375 personnes ont obtenu le droit de vote prématurément. En effet, il y a eu, en 1994 et en 1995 respectivement, 40 500 et 43 850 naturalisations. À l'aide du sondeur du Parti québécois, Lisée a estimé le nombre de votes supplémentaires en faveur du NON que cette opération aurait produit. À partir d'un taux de participation des nouveaux

---

58. Jean-François Lisée, *Sortie de secours*, Montréal, Boréal, 2000, p. 296.

citoyens de 84 % – qui est en deçà du taux de 94 % de l'ensemble de la population québécoise – et d'un pourcentage de votes pour le NON de 86 %, comme les sondages le démontrent pour les immigrants arrivés depuis 10 ans et moins, Lisée conclut que le NON a obtenu 30 617 votes qu'il n'aurait pas eus si l'État canadien avait maintenu le taux de naturalisation qui avait prévalu pendant toute la décennie. Ces chiffres ne sont pas à négliger.

Jean-François Lisée démontre aussi que l'utilisation de nouveaux citoyens contre le mouvement souverainiste est une constante des gouvernements du Parti libéral. En effet, à partir de l'élection du Parti québécois en novembre 1976, on constate une augmentation remarquable du nombre de naturalisations : 5 400 naturalisations de plus en 1977 que l'année précédente, 28 200 de plus en 1978. Quand les conservateurs prennent le pouvoir en 1979, le rythme ralentit quelque peu et, après le référendum de 1980, même avec le retour au pouvoir des libéraux, le taux de naturalisation revient à un niveau plus bas.

Les taux de naturalisation annuels élevés avant le premier référendum en 1980 sont également le résultat d'un changement important à la Loi sur la citoyenneté qui a fait passer de 5 ans à 3 ans le délai d'attente pour obtenir la citoyenneté canadienne. Cette modification à la loi a été adoptée par le Parlement canadien le 15 février 1977, soit trois mois après l'élection du Parti québécois. C'est aussi à ce moment que le Canada a mis fin à l'obligation imposée aux nouveaux citoyens de renoncer à leur ancienne citoyenneté, leur permettant ainsi de détenir la double citoyenneté. Les informations fournies à la suite de nos demandes d'accès à l'information auprès du Conseil privé ne permettent pas d'établir que le Conseil des ministres du gouvernement libéral de Pierre-Elliott Trudeau a voulu, par l'amendement de la Loi sur la citoyenneté en 1977, augmenter le nombre de citoyens susceptibles de voter NON en 1980. En effet, la seule fois où la possibilité de réduire le délai d'attente de 5 à 3 ans pour obtenir la citoyenneté canadienne a été discutée par le Conseil des ministres du gouvernement du Canada a été le 28 juillet 1970, sous la présidence de Gérard Pelletier, secrétaire d'État. L'une des raisons invoquées pour justifier un tel changement était la tendance des résidents permanents canadiens à ne pas se prévaloir de leur droit de devenir citoyen canadien – en 1970, il y en avait un million au Canada, ce qui voudrait dire environ 250 000 au Québec[59]. Or, de 1970 à 1976, le gouvernement libéral de Pierre Trudeau n'est pas passé à l'acte. Il est donc très possible que, voyant la montée du Parti québécois dans les intentions de vote au Québec au milieu des années 1970 et ensuite l'élection de ce parti en novembre 1976 avec une promesse de tenir un référendum, le gouvernement Trudeau ait décidé d'agir rapidement pour mettre toutes les chances de son côté. On ne doit jamais oublier non plus les paroles de Mitchell Sharp, le puissant ministre de Trudeau et mentor principal de Jean Chrétien, qui, en parlant de la période de la fin des années 1970, a dit: «Absolument tout ce que faisait le gouvernement visait à contrer le séparatisme au Québec.»

---

59. Procès-verbal de la réunion du «Cabinet Committee on Culture and Information», 28 juillet 1970, obtenu du Conseil privé à la suite d'une demande d'accès à l'information.

6

DES ÉLECTEURS HORS QUÉBEC, AMENEZ-EN !

En août 1995, les lecteurs de *The Gazette* ont appris à la une que M. Pierre-F. Côté, directeur général des élections du Québec, celui qui avait été nommé en 1978 à la suite d'une réforme radicale des lois électorales québécoises, était une « *patsy* » (un pantin) du Parti québécois. L'accusateur, auquel *The Gazette* a gentiment accordé la première page, était Mᵉ Casper Bloom, associé au cabinet d'avocats Ogilvy Renault de l'avenue McGill College, à Montréal. Pantin du Parti québécois parce que le directeur général des élections avait commencé à resserrer les règlements concernant l'inscription d'électeurs résidant à l'extérieur du Québec.

Cette saillie médiatique n'était en fait que le premier indice public d'une campagne déjà en marche depuis plusieurs mois et dont la légalité et la légitimité étaient plus que douteuses. Il s'agit d'une opération d'envergure qui mérite d'être connue, ne serait-ce que pour mieux la baliser dans l'avenir. Comment mieux la connaître, sinon en la faisant raconter par celui qui la considère comme l'un de ses grands faits d'armes : Mᵉ Casper Bloom, président du *Committee to Register Voters Outside Quebec* (Comité pour l'inscription des électeurs hors Québec) et vice-président du Parti libéral du Québec[60].

---

60. Entrevue en anglais avec Casper Bloom, 30 décembre 2004.

« J'ai vu dans la loi électorale que les gens qui vivaient à l'extérieur du Québec depuis moins de deux ans conservaient leur droit de vote au référendum. Je pensais à toutes les personnes dans les forces armées, le corps diplomatique et autres milieux ; il devait y en avoir près de 100 000. Je me suis dit : personne ne semble vouloir les cibler, alors que ce serait surtout des gens favorables au NON, sûrement près de 90 %. Seul problème : les trouver, communiquer avec eux, leur faire acheminer les bulletins et s'assurer qu'ils les renvoient à Québec en respectant les délais prévus.

« J'ai mis environ cinq mois à temps plein sur l'opération, rappelle Casper Bloom. Mon cabinet d'avocats Ogilvy Renault a bien voulu continuer à payer mon salaire. Ils savaient ce que je faisais. Tout d'abord, je l'ai proposée au Parti libéral du Québec, qui a convenu que l'idée était intéressante et m'a chargé de piloter le dossier. J'avais toute la liberté de faire exactement comme je voulais. Quand j'avais des problèmes, je pouvais retourner voir le Parti libéral.

« Tout d'abord, j'ai mis sur pied un comité, à Montréal, de 10 à 12 personnes, des Canadiens avec la fibre forte et les mêmes objectifs. […] Nous nous rencontrions aux bureaux d'Ogilvy Renault. Nous avions besoin aussi de gens, aussi dévoués et engagés localement, partout dans le monde. Donc nous avons créé des sous-comités dans beaucoup de villes, Ottawa, Toronto, Vancouver, Halifax, Calgary, New York, Boston, Los Angeles, Miami, Londres, Paris, et Sidney en Australie. Nous comptions aussi sur des fonctionnaires de la Défense nationale et des Affaires extérieures.

« Les Forces armées, qui se battent pour le Canada et évidemment pour le NON, ont été ciblées, les employés du corps diplomatique, sûrement pour le NON, les milliers de touristes canadiens en Floride et ailleurs, les étudiants partout au Canada. Pour les joindre, il fallait compter sur l'appui d'Ottawa. À la suite des réunions à Ottawa avec les hauts fonctionnaires du ministère de la Défense nationale et des Affaires extérieures, on nous a garanti toute l'aide dont nous avions besoin.

« Pour les étudiants, nous avons déniché des poteaux dans les universités. Pour la Floride, nous avions un animateur à la radio, Rick Leckner, qui avait des contacts dans des postes de radio partout en Amérique du Nord. C'était très important :

dans toutes les grandes villes, nous avons parlé à la radio, nous avons informé ces gens de leurs droits. Nous fournissions l'information et nos contacts l'ont diffusée à la radio partout au Canada et aux États-Unis.

« Je ne pouvais pas faire tout ça sans que cela devienne public, et c'est là que mes problèmes ont commencé avec Pierre-F. Côté, dont les sentiments n'étaient absolument pas favorables au NON ! René Lévesque l'avait nommé pour des raisons évidentes. Quand Pierre-F. Côté a eu vent de ce que je faisais, il a commencé à modifier les règlements, mais pas la loi, pour rendre plus difficile l'exercice du droit de vote des électeurs hors Québec. En particulier, il a ajouté un règlement les obligeant a signer une déclaration sous serment dans laquelle ils s'engageaient à revenir au Québec moins de deux ans après leur départ. Ça nous a ralentis, ça et quelques autres gestes. C'est à ce moment-là que j'ai tenu une conférence de presse où je l'ai accusé d'être une « *patsy* » du Parti québécois. *The Gazette* a mis la nouvelle à la une, alors que les journaux français l'ont enterrée au fond, dans les dernières pages.

« Pierre-F. Côté ne cessait pas de traîner la patte. Il a pris son temps pour expédier les bulletins par courrier recommandé. Les électeurs devaient les livrer à temps au DGE. Mais on a vu venir le problème et on a pris des mesures pour faciliter les envois. Nos sous-comités ont recueilli tous les bulletins, les ont livrés par messagerie à mon bureau, d'où ils ont été expédiés à Québec. Plusieurs milliers de bulletins sont passés par mon bureau. Moi, je visais 50 000 électeurs hors Québec qui se prévaudraient de leur droit de vote, alors que, dans les élections précédentes, il n'y en avait qu'environ 1 500. Finalement, il n'y en a eu que 15 000 à 16 000. On aurait pu atteindre les 50 000, si Pierre-F. Côté ne s'était pas ingéré dans nos affaires quand il a su ce que je faisais. »

La question à 64 000 $: Qui a payé cette opération ?

« Mon travail était bénévole, poursuit Casper Bloom. Mais Ogilvy Renault a payé mon salaire et subventionné l'opération. [Contradiction étonnante]. Nous avons recueilli des fonds d'entreprises et d'individus pour couvrir nos dépenses administratives. Le Conseil de l'unité canadienne nous a fourni des services. »

Les preuves anecdotiques étant toujours les meilleures, en voici une dont le président du *Committee to Register Voters Outside Quebec* est particulièrement fier :

« Pour inciter les gens à voter, nous avons préparé pour envoi massif une lettre de Daniel Johnson, président du Comité pour le NON. C'était vraiment massif. Le Parti libéral du Québec en a payé l'impression. Moi, j'ai loué une familiale parce que Postes Canada nous a offert un tarif spécial, mais à condition que l'envoi se fasse à partir d'Ottawa, pas de Montréal. Nous avons rempli la familiale avec des milliers et des milliers de lettres. La familiale était tellement chargée en arrière quand j'allai à Ottawa que la suspension était à plat et l'auto roulait sur les essieux. Postes Canada les a expédiées. »

Postes Canada a des installations importantes à Montréal permettant d'expédier des dizaines de milliers de lettres. Or, de crainte de violer la loi québécoise, cette société d'État canadienne a choisi de faire partir ces milliers de lettres d'Ottawa, ville hors de la portée du DGE québécois.

Examinons cette opération sous l'angle de la légitimité et de la légalité.

Tout d'abord, rappelons que, en 1989, le gouvernement libéral de Robert Bourassa avait accordé le droit de vote aux Québécois qui avaient déménagé à l'extérieur du Québec depuis 10 ans. Et c'est le gouvernement libéral suivant, toujours sous Robert Bourassa, qui, en 1992, a ramené à deux ans le délai maximum permis depuis le départ du Québec pour toute personne souhaitant exercer son droit de vote au Québec. Notons aussi que la limite de deux ans ne s'applique pas aux fonctionnaires du Québec ou du Canada qui sont affectés à l'extérieur du Québec.

Peut-on dire que le directeur général des élections du Québec est un « pantin » du Parti québécois parce qu'il a imposé un règlement obligeant les électeurs hors Québec voulant voter au référendum à s'engager à revenir deux ans après leur départ ? Considérant la migration que le Québec a connue au cours des années précédant le référendum, les possibilités d'abus, l'envergure de l'opération lancée en mai 1995 par Casper Bloom et son comité, ainsi que l'état d'esprit qui régnait chez bon nombre de Canadiens – soit : la fin justifie les moyens –, il semble que le DGE n'ait fait que le minimum nécessaire pour faire respecter l'esprit de la loi en recourant à ce règlement et en vérifiant scrupuleusement les formulaires soumis. Même Casper Bloom a reconnu en entrevue qu'il aurait pu y avoir beaucoup d'abus dans ce domaine.

Est-ce que cette opération aurait pu se réaliser sans l'intervention de l'État canadien et de ses ramifications? La réponse est non. Sans le concours de hauts fonctionnaires de ministères du gouvernement du Canada, le comité n'aurait jamais pu joindre tant de gens. Ces hauts fonctionnaires ont-ils aussi fait le pointage pour le NON pour éviter que le *Committee to Register Voters Outside Quebec* ne fasse le travail du Comité pour le OUI? Sans l'argent et les services du Conseil de l'unité canadienne, qui est une ramification du Conseil privé du gouvernement du Canada, l'opération n'aurait pas pu être administrée. Est-ce que le Conseil faisait du pointage aussi? Sans le concours de Postes Canada à Ottawa, l'envoi massif n'aurait jamais pu se faire parce que le Comité pour le NON aurait été dans l'obligation de le comptabiliser – Casper Bloom parlait de 100 000 électeurs potentiels, donc de près de 100 000 lettres envoyées.

Dans cette opération, l'État canadien et ses ramifications ont violé, par leurs interventions, le droit international des nations de disposer d'elles-mêmes. Ce droit figure dans les premiers articles des grandes chartes internationales dont le Canada est signataire, dont le Pacte international relatif aux droits civils et politiques, adopté par l'ONU en 1966.

L'État canadien a violé aussi la loi québécoise sur la consultation populaire, notamment en ce qui concerne les dépenses permises. En plus de l'État canadien, les entreprises et individus qui, selon Me Bloom, ont financé l'administration de l'opération ont également violé la loi québécoise.

Quel en a été l'effet? Le nombre d'électeurs hors Québec qui se sont prévalus de leur droit de vote se situait effectivement aux alentours 2 000 personnes avant 1995: 2 464 personnes de l'extérieur du Québec ont voté lors du référendum sur l'Accord de Charlottetown le 26 octobre 1992, tandis que 1 455 personnes ont voté lors des élections québécoises du 12 septembre 1994 qui ont porté le Parti québécois au pouvoir[61].

---

61. Chiffres obtenus du directeur général des élections du Québec: correspondance de Jean Chartier, directeur des services juridiques.

Huit fois plus d'électeurs hors Québec ont voté le 30 octobre 1995 que 14 mois auparavant lors des élections québécoises. En effet, le total est de 11 717, ce qui se situe bien en deçà de la cible visée par Casper Bloom et son équipe. Il y a tout de même lieu de se poser des questions sur ces électeurs, dont près de 80 % ont voté NON. Surtout parce que le DGE n'a eu aucun recours pour vérifier si les gens qui se sont engagés à revenir au Québec dans les deux ans suivant leur départ sont effectivement revenus.

Une autre question s'impose. On sait qu'environ 50 000 personnes ont voté en octobre 1995 sans être détenteur de la carte d'assurance maladie du Québec[62]. D'où viennent-elles? L'opération «électeurs hors Québec» a consisté, entre autres, en un grand effort de publicité à l'extérieur du Québec, le tout très défavorable à la souveraineté du Québec. Rappelons que de 50 000 à 100 000 personnes ont reçu une lettre du président du Comité pour le NON, où celui-ci les incitait fortement à voter contre la souveraineté du Québec, et que seulement 11 717 ont voté officiellement. Mais les autres, celles qui n'ont pas pu voter pour toutes sortes de raisons, est-il possible qu'un certain nombre d'entre elles venues pour le mal nommé *love-in* soient restées et aient voté quand même?

---

62. Chiffres obtenus du directeur général des élections du Québec: correspondance de Jean Poirier, responsable de la liste électorale permanente, 16 juin 2004 (voir le chapitre 7).

7

LE RÉFÉRENDUM VOLÉ SELON JOHN SMITH, BEACONSFIELD, CANADA

Référendum volé, dit-on. Plusieurs le disent à voix basse depuis 10 ans. D'autres, comme l'ancien mandarin libéral Benoît Corbeil, le disent à voix haute, surtout depuis le printemps 2005 et la Commission Gomery.

Quiconque reconnaît qu'on a pu voler la victoire une fois en 1995 doit reconnaître que, avec les moyens dont dispose l'État canadien, on pourrait la voler une autre fois, en 2007, en 2008. La réaction souverainiste, compréhensible mais plutôt crédule, consiste à chercher rapidement une panacée en proposant que le prochain référendum se déroule sous observation internationale. L'idée serait de montrer au monde entier, la prochaine fois, que nos pratiques démocratiques sont « les meilleures en Occident » en faisant venir des observateurs internationaux neutres. Selon la logique, la présence de ces observateurs, qui, croit-on, ne pourraient faire autrement que de penser que la loi québécoise sur la consultation populaire est remarquable et que les Québécois forment un peuple superdémocratique et gentil, aurait pour effet d'empêcher le Canada de violer les lois et de ressortir sa batterie de mauvais coups ou, au pire, de constater ces violations après coup. La chose est loin d'être aussi simple !

L'idée semble relever davantage de la pensée magique que de la stratégie politique intelligente établie à partir des leçons tirées d'une analyse rigoureuse du référendum de 1995 et de la suite des événements. Elle ne tient pas compte non plus de tous les écueils possibles reliés à la présence massive d'observateurs internationaux autoproclamés et de médias qui se transforment, pour la cause, en observateurs «neutres»... Nous y reviendrons.

Si nous sommes nombreux à croire fermement que la victoire du OUI en 1995 a été volée par le Canada, il y en a d'autres parmi nos concitoyens, et ils ne sont ni des marginaux ni des impuissants, qui croient dur comme fer que les forces du OUI, avec à leur tête le Conseil des ministres du gouvernement du Québec, le premier ministre Jacques Parizeau et son ministre responsable de la réforme électorale, Guy Chevrette, leur ont volé une victoire claire et nette. Nous disons «le référendum volé», alors qu'eux n'hésitent pas à dire « *They almost stole our country.* » (Ils nous ont presque volé notre pays.) Pire encore, ils croient que le directeur général des élections, Pierre-F. Côté, et tout l'appareil de la direction générale des élections étaient en fait des partisans souverainistes bien placés et travaillant d'arrache-pied pour obtenir le résultat visé par M. Parizeau. Ils y croient tellement que certains, pour le prouver hors de tout doute et pour que le monde entier le sache, ont payé, depuis 1995, des centaines de milliers de dollars en frais d'avocats pour poursuivre jusqu'en Cour d'appel fédérale la direction générale des élections et Pierre-F. Côté en personne. Et, assure-t-on, ils iront jusqu'en Cour suprême s'il le faut. Cela sans compter, bien sûr, la cause du journal *The Gazette*, allant dans le même sens contre le Conseil du référendum et l'ancien DGE Pierre-F. Côté, cause qui a été rejetée en Cour d'appel en avril 2000.

Le point de départ de cette guerre judiciaire fut le grand nombre de bulletins rejetés dans certaines circonscriptions de l'ouest de Montréal et de Laval. Même si elle peut paraître comme une bataille d'arrière-garde, un peu à l'image des soldats japonais dans les îles du Pacifique qui ne savaient pas que la guerre était terminée, ceux qui mènent cette guerre visent un point d'arrivée beaucoup plus large que les bulletins rejetés dans quelques circonscriptions: ils ne veulent rien de moins que discréditer l'ensemble de la démarche référendaire du Québec et empêcher la tenue d'une autre consultation populaire. Le véhicule de cette attaque est la moribonde Alliance Québec.

Dès octobre 1996, Alliance Québec a déposé sa requête pour obtenir accès à tous les documents référendaires du 30 octobre 1995, y compris tous les bulletins, tous les registres, toutes les listes électorales, tous les relevés de dépouillement, toute la correspondance du DGE, et plus. Notons que, pour se prémunir contre l'imprévisibilité d'Alliance Québec et de ses leaders, les cerveaux de cette cause ont fait amender la requête, en 1998, pour y ajouter le nom d'une requérante particulière, Athina Priftis, une résidante de Laval et militante du Parti libéral du Québec issue de la communauté hellénique. En voici quelques extraits :

«Pendant la période référendaire, des irrégularités ont été rapportées dans les médias, et portées à l'attention de la requérante, notamment :

- Certains électeurs qui se trouvaient hors du Québec ont eu des difficultés à être recensés et à voter et ont été privés de leur droit de vote ;

- les noms de certains électeurs ont été illégalement enlevés des listes électorales ;

- dans certains bureaux de vote, il y a eu plus de votes exprimés que le total des électeurs apparaissant sur la liste électorale de la section de vote ;

- dans certains bureaux de vote, les résultats des votes ont été inversés ;

- durant la tenue du référendum, les électeurs, dans certains bureaux de vote, ont dû attendre en ligne, à l'extérieur, des périodes de temps inacceptables ;

- dans certains bureaux de vote, des électeurs ont été soumis à des interrogatoires interminables en ce qui concerne leur capacité de voter par les représentants du Comité du OUI ;

- il y a eu un grand nombre de bulletins de vote illégalement rejetés. [...]

«Les dites irrégularités ont engendré la perception que la conduite de certains représentants du Comité du OUI et/ou de certains membres du personnel électoral et/ou du personnel du scrutin était excessivement et/ou systématiquement partisane, injuste et illégale et que, effectivement, ces agissements ont brimé les droits les plus fondamentaux de nombreux électeurs et électrices, notamment en les privant de leur droit de vote et/ou en rejetant leurs bulletins de vote valablement complétés et/ou en refusant de les compter dans le résultat du scrutin[63]. »

On voit déjà dans cette requête le contenu d'un éventuel manuel de formation pour des « observateurs internationaux neutres » autoproclamés ou des journalistes tout aussi « neutres » en mal de copie lors du prochain référendum. Dans la poursuite de cette cause, on voit la ténacité de ceux qui la pilotent : ténacité, mais aussi capacité d'assumer d'importants frais d'avocats et de cour. Déposée devant la Cour supérieure en 1996, amendée et réamendée pour assurer sa continuité et une portée optimale, la requête a été rejetée le 8 janvier 2004. Mais Alliance Québec et Athina Priftis n'ont pas hésité à la porter en appel. Entre-temps, la cause a exigé des semaines et des mois de travail de la part d'avocats, principalement à Québec, pour des interrogatoires et des communications préalables. À titre d'exemple, Pierre-F. Côté a dû subir quatre jours complets d'interrogatoire préalable. En juin 2005, les parties avaient produit à la Cour d'appel leur mémoire respectif et tout indiquait que l'audition se tiendrait à l'automne 2005, juste à temps pour le 10e anniversaire du référendum !

On peut estimer le coût de cette cause pour les requérants à partir des sommes déboursées en frais d'avocats par le directeur général des élections. En date du 26 octobre 2004, le DGE avait déboursé 377 007,33 $ en frais d'avocats pour la seule cause d'Alliance Québec[64]. Selon Pierre-F. Côté et Jean Chartier, directeur des services juridiques du DGE, on peut présumer que l'autre partie a déboursé au moins autant d'argent que le DGE.

Qui paie cette cause ? La première réponse, facile mais probablement fausse : l'ineffable Sheila Copps et son ministère du Patrimoine canadien. Logiquement, cela tiendrait : la meilleure défensive étant toujours une bonne attaque. L'État canadien vole la victoire au référendum et, pour cacher ses mauvais coups, il traîne devant les tribunaux tout l'appareil de l'État québécois pour avoir osé tenir un référendum. La cause, gagnante ou non, aura pour effet de faire croire que c'est la

---

63. Requête en mandamus, Cour supérieure, réamendée le 9 mars 1998, procureur : Michael Bergman.

64. Information fournie par les Services des ressources financières du DGE à la suite d'une demande d'accès à l'information.

partie souverainiste, avec la complicité d'un DGE partisan, qui a voulu voler la victoire et le pays par le biais d'une batterie de subterfuges illégaux qu'elle n'hésiterait pas à utiliser de nouveau lors d'un prochain référendum.

Or, selon l'ancien candidat à la présidence d'Alliance Québec, Giuliano d'Andrea, et l'ancien directeur général d'Alliance Québec, Allan Patrick, les règles d'octroi de subventions du ministère fédéral interdisent l'utilisation des fonds pour financer les causes devant les tribunaux[65]. Les pratiques comptables créatrices pourraient tout cacher, dira-t-on. Mais même si, entre autres pratiques créatrices, Alliance Québec avait voulu utiliser des fonds provenant d'autres sources, ceux-ci n'auraient pas été suffisants pour payer les 400 000 $ que l'on exigeait pour cette cause. Il est de notoriété publique que, depuis la prise de contrôle d'Alliance Québec en 1998 par William Johnson, suivi de Brent Tyler, ce groupuscule n'arrivait plus à recueillir des fonds comme auparavant. «Alliance Québec ne recueille plus rien du tout. Leurs soirées de financement n'attirent plus qu'une trentaine de personnes, note Giuliano d'Andrea. Ils ne paient plus leurs dettes, ni leurs employés, qui ont déjà déposé une réclamation auprès de la Commission des normes du travail. »

Donc, William Johnson arrive à la tête d'Alliance Québec en 1998 et les sources de financement se tarissent aussitôt. En même temps, l'avocat Michael Bergman, qui pilote la cause contre le directeur général des élections, contre Pierre-F. Côté personnellement et contre le procureur général du Québec, fait amender la requête pour y ajouter le nom d'Athina Priftis. Notons que le plus gros des frais d'avocats pour cette cause sera engagé entre 2000 et 2004, alors qu'Alliance Québec est dans la dèche.

Qui paie la cause? Encore une fois, il semble y avoir de mystérieux fonds qui coulent pour «encarcaner» le Québec. Voici comment le plus chaud partisan de cette guerre judiciaire, Me Casper Bloom, explique l'origine de la cause, sa raison d'être, les objectifs visés et son financement[66].

---

65. Entrevues avec Giuliano d'Andrea, 25 novembre 2004, et Allan Patrick, 2 décembre 2004.

66. Entrevue en anglais avec Casper Bloom, 30 décembre 2004.

«Après le référendum, à la suite de la fraude qui a eu lieu, Michael Bergman a déposé une requête, au nom d'Alliance Québec, parce que ça prend un organisme, mais aussi au nom d'un particulier dont j'oublie le nom. Dix ans plus tard, la cause est encore très actuelle, même si la Cour supérieure l'a rejetée. Nous avons déjà réussi, lors des communications préalables, à faire produire des exemples de bulletins rejetés. Tout ça vient de Pierre-F. Côté et de ses laquais (*Pierre-F. Côté and his underlings.*) [...] Alors que la loi permet la destruction de tous les documents un an après la tenue du référendum, tout a été conservé, mis sous scellés en attendant la décision de la Cour. [...]

«Nous avons gagné le référendum officiellement par une majorité d'environ 50 000. Mais dans les faits, c'était une majorité de plus de 100 000 voix à cause des bulletins rejetés, parce que des scrutateurs nommés par le DGE ont été formés pour les rejeter. Et les instructions pour faire tout ça venaient directement du Conseil des ministres. Je sais tout cela parce qu'un membre du Conseil des ministres me l'a dit.» Me Bloom refuse de dévoiler le nom du membre du Conseil des ministres et d'apporter d'autres preuves.

Le souci de Me Bloom de protéger sa source est ridicule quand on sait que cette «source» piaffait d'impatience, comme elle l'a toujours fait, à l'idée de raconter ses histoires aux médias. Richard Le Hir était ministre de la Restructuration dans le gouvernement de Jacques Parizeau et responsable d'une série d'études qui, en fait, sont beaucoup plus intéressantes que ne l'est le ministre dont elles portent le nom. Monsieur Le Hir, qui a toujours été atteint de la fièvre de la caméra, ne pouvait pas se retenir: en mai 2005, quand des détails croustillants faisaient surface à la Commission Gomery sur le rôle du gouvernement du Canada et du Parti libéral dans le référendum de 1995, il pensait pouvoir arrêter la montée souverainiste en tirant quelques-unes des mêmes vieilles balles qu'il avait tirées lorsqu'il avait quitté le gouvernement du Québec au lendemain du référendum. Comme par hasard, le jour même où se tenait à Ottawa le vote de confiance qui aurait pu faire tomber le gouvernement libéral de Paul Martin, entraîner des élections et permettre au Québec de sanctionner ce parti pour son comportement postréférendaire, *La Presse* et *The Gazette* publiaient un long article signé Richard Le Hir, où celui-ci comparait le gouvernement du Parti québécois à «Goebbels» et l'accusait d'avoir ourdi un grand complot pour empêcher des fédéralistes d'exercer leur droit de vote en rejetant massivement leurs bulletins lors du référendum de 1995.

Cette sortie tempétueuse de Richard Le Hir aura peut-être refroidi l'ardeur de Mᵉ Casper Bloom qui ne jurait que par cette source digne de foi. À propos du rapport de 1996 signé par l'ancien juge en chef de la Cour supérieure, le regretté Allan B. Gold, qui a conclu que «son enquête n'a pas révélé raison de croire qu'il y ait eu complot national orchestré» pour rejeter des bulletins, malgré «une problématique importante» dans trois circonscriptions, Casper Bloom se fait cassant: «Le juge Gold est un bon ami à moi, mais son rapport ne vaut strictement rien (*He's a good friend, but it was a worthless report*). [...] C'est une tache sur sa carrière qui, autrement, est à tous égards exceptionnelle[67].»

Pourquoi tant de hargne, pourquoi cette volonté d'attaquer la crédibilité de Pierre-F. Côté, celle du juge Gold et celle du processus référendaire québécois? «Nous voulons garder cette histoire en vie, répond Casper Bloom, pour montrer comment ils nous ont presque volé notre pays par la fraude, et de façon délibérée. C'est pour ça que je me suis engagé. [...]»

Interrogé sur la question de savoir si l'objectif de cette cause est de démontrer la partialité du directeur général des élections, Mᵉ Bloom répond:

«Oui, mais pas que lui, le Parti québécois, le gouvernement du Québec. Le DGE n'était pas indépendant. Nous cherchons à le prouver en trouvant des documents compromettants. Nous y mettrons des comptables judiciaires (*forensic accountants*) qui passeront en revue tous les documents. Ça va coûter très cher.»

Est-ce que l'objectif est de prouver que tout le processus référendaire québécois est vicié, contaminé? Mᵉ Bloom: «Oui, exactement! Et nous espérons qu'il n'y aura plus de référendum lorsque l'opposition [le Parti québécois] reviendra au pouvoir. Nous n'en voulons plus de référendum! Nous sommes prêts à nous battre jusqu'au bout; on ne nous volera pas notre pays par la fraude (*we're not going to be defrauded of our country*).»

---

67. Bulletins rejetés – Marche pour l'unité, Rapport du directeur général des élections du Québec, Référendum du 30 octobre 1995, 13 mai 1996.

Sa position a le mérite d'être claire. Quant au financement de cette cause, qui, de toute évidence, n'est pas terminée, Me Bloom est tout aussi candide.

« Disons seulement que l'argent a été recueilli par le truchement des amis du Comité du Non, des amis du Canada. Ils ont toujours soutenu financièrement Michael Bergman, qui devait passer beaucoup de temps à Québec pour les interrogatoires préalables. »

Les frais ont sûrement dépassé le cap des 400 000 $ en ce 10e anniversaire du référendum – le DGE avait déjà dépensé 377 000 $ en octobre 2004. Ce ne sont pas des sommes négligeables que de simples citoyens peuvent payer pour le simple plaisir de défendre leurs idées politiques. Se peut-il qu'on ait affaire ici, encore une fois, à ces réseaux d'affaires de « Corporate Canada » au Québec qui, nous le verrons, ont financé à grands frais la « marche de l'unité » du 27 octobre 1995 ? Ou encore ce réseau de libéraux puissants qui travaillent dans l'ombre mais toujours en lien direct avec le bureau du premier ministre du Canada, et qui décident de tout ? Ce réseau de libéraux de l'ombre dont a parlé Benoît Corbeil, ancien directeur général du Parti libéral du Canada, section Québec ? S'il vous plaît, monsieur le commissaire Gomery, éclairez-nous !

Qu'en est-il maintenant du fond de cette question ? Y a-t-il eu ou non complot national pour rejeter massivement les bulletins de vote favorables au NON ? C'est ce que prétendent, entre autres, et avec véhémence, autant les requérants dans cette cause que *The Gazette*, qui est revenue à la charge dans plusieurs éditoriaux – régulièrement repris par d'autres journaux canadiens et surtout par *The Toronto Star* dont l'éditeur en 2005 est Michael Goldbloom, ancien président d'Alliance Québec[68] – dès que Benoît Corbeil a laissé entendre que la victoire du NON avait pu être volée.

L'accusation est extrêmement grave. Or, force est de constater que le directeur général des élections a traité les plaintes à ce sujet avec tout le sérieux et toute la diligence qu'elles méritaient. Dès le 23 novembre 1995, il a annoncé des mesures d'exception

---

68. *The Gazette*, 27 avril 2005, p. A-14. Éditorial repris notamment par *The Toronto Star*, 2 mai 2005, p. A-16.

pour conduire les enquêtes sur l'ensemble des plaintes, en vue, d'abord, de déterminer s'il devait intenter des poursuites pénales mais aussi pour informer le public et l'Assemblée nationale de ce qui s'était passé. Il a nommé un enquêteur chevronné comme responsable des enquêtes, retenu les services d'un bureau d'avocats spécialisés en droit administratif et électoral. De plus, il a retenu les services de professeurs de droit de grande expérience provenant de trois universités différentes (Jacques Frémont de l'Université de Montréal, Yves-Marie Morissette de l'Université McGill, Guy-G. Tremblay de l'Université Laval). Et pour la question précise des bulletins rejetés, il a mandaté, à titre de conseiller spécial, l'ancien juge en chef de la Cour supérieure du Québec, Alan B. Gold, décédé en avril 2005, pour superviser l'enquête. Enfin, il a fait appel au politicologue Richard Nadeau, de l'Université de Montréal, pour l'aider dans l'analyse statistique des bulletins rejetés pour l'ensemble du Québec lors des référendums de 1992 et de 1995[69]. La crédibilité de tous est mise en doute par la campagne judiciaire et médiatique en cours.

Autant le rapport du DGE publié le 13 mai 1996 est accablant pour un certain nombre de scrutateurs et pour deux délégués officiels qui ont travaillé dans les circonscriptions électorales de Chomedey, de Marguerite-Bourgeoys et, dans une moindre mesure, de Laurier-Dorion, autant il rejette sans équivoque la théorie du complot national pour frauder des citoyens de leur droit de vote.

Hormis le taux de rejet élevé dans Chomedey (11,61 %), Marguerite-Bourgeoys (5,5 %) et Laurier-Dorion (3,6 %), ce qui ferait un maximum d'environ 9 000 bulletins rejetés, le pourcentage de bulletins rejetés par circonscription ou sur le plan national se situe dans les moyennes observées lors d'élections ou de référendums antérieurs. De plus, toujours sans ces trois circonscriptions, le pourcentage moyen de bulletins rejetés dans les circonscriptions où le NON a été majoritaire est légèrement en deçà de celui des bulletins rejetés là où le OUI a été majoritaire. Donc, sur le plan national, on ne peut dire qu'il y a eu un effort concerté pour rejeter des bulletins de vote là où le NON l'a emporté haut la main. À cet effet, à la demande expresse du juge Gold, on a examiné les

---

69. *Ibid.*

bulletins rejetés dans les circonscriptions où le OUI et le NON ont été les plus forts, soit D'Arcy-McGee (96 % pour le NON) et Saguenay (73,3 % pour le OUI). Le taux de rejet, presque identique dans ces deux comtés, se situe très légèrement au-dessus de la moyenne nationale. Toute personne inquiète de l'accusation de « complot national » devrait se procurer un exemplaire de ce rapport pour avoir la conscience tranquille.

À la suite du dépôt de ce rapport, le DGE a intenté des poursuites au pénal contre 29 scrutateurs qui auraient agi de manière frauduleuse en rejetant autant de bulletins de vote, ainsi que contre deux délégués officiels qui auraient aidé ou incité les scrutateurs à agir de la sorte. Les procès ont suivi leur cours jusqu'en janvier 2000, lorsque la directrice générale des élections, Me Francine Barry, convaincue qu'elle n'obtiendrait pas de verdict de culpabilité, a annoncé qu'elle ne demanderait pas à la Cour suprême la permission d'en appeler de la décision de la Cour d'appel acquittant les scrutateurs. Pas moins de six juges avaient conclu qu'il n'y avait aucun doute que les scrutateurs poursuivis avaient rejeté des bulletins marqués correctement, mais qu'ils n'avaient commis qu'une erreur de jugement regrettable et qu'il n'était pas justifié de conclure qu'ils avaient agi de manière frauduleuse. Quant aux poursuites contre les deux délégués officiels qui les auraient incités à rejeter tant de bulletins, poursuites qui étaient fondées sur la notion de complicité, la DGE a dû les retirer. Le dossier pénal est donc clos, mais tant le législateur que le DGE ont pris les moyens pour éviter que cela ne se reproduise, notamment en établissant de nouvelles directives sur les indications acceptables et inacceptables sur les bulletins de vote.

Guy Chevrette, ministre responsable de la Réforme électorale dans le gouvernement de Jacques Parizeau en 1995, rejette catégoriquement les accusations contenues dans cette cause, dont Richard Le Hir s'est fait l'écho en 2005[70]. « Le Parti québécois est très respectueux des institutions, peut-être même démesurément, ainsi que de l'indépendance du directeur général des élections, qui joue un rôle quasi judiciaire. Les seules consignes, au niveau du Parti, étaient de s'assurer que la personne qui votait était bel et bien la personne sur la liste électorale. En milieu

---

70. Entrevue avec Guy Chevrette, 4 mars 2005.

urbain, c'est plus difficile et ça prend une formation plus poussée, surtout parce qu'à ce moment-là il n'y avait aucune obligation pour l'électeur de s'identifier. Il n'y avait aucune consigne sur les bulletins à rejeter, ce qui n'empêche pas qu'il y ait eu quelques cinglés de notre bord.» Au sujet de la cause remettant en question toute la démarche québécoise, il ajoute: «Ce qui m'a frappé, c'est que les gagnants avaient l'air de perdants, et les perdants avaient l'air de gagnants. Je pense que leur but est de mettre du sable dans l'engrenage.»

En 1995, Martin Lyonnais, alors étudiant de 18 ans, était responsable du jour J pour le Comité du OUI dans la circonscription de D'Arcy-McGee où le NON a recueilli 96,4 % contre 3,6 % pour le OUI, alors que 1,9 % de bulletins ont été rejetés. Il pouffe de rire quand il entend les accusations de Casper Bloom et de Richard Le Hir sur le complot pour rejeter des bulletins de vote et l'envoi de «troupes de choc» syndicalistes – c'est Richard Le Hir qui le prétend. «Nous avons fait un effort pour faire identifier les électeurs, mais c'est tout.» Même son de cloche de Jocelyn Leclerc, organisateur pour le OUI dans la circonscription de Jacques-Cartier située dans l'ouest de l'île de Montréal où le NON l'a emporté par 90,5 % contre 8,6 %, avec un taux de rejet de 0,9 % des votes. Dans ces secteurs, le grand défi consistait à faire voter les souverainistes qui ne votaient pas toujours dans les élections où le résultat était connu d'avance.

Quant à l'argument voulant que le directeur général des élections ne soit pas indépendant du pouvoir politique, Pierre-F. Côté fait remarquer que la structure du bureau du DGE est entièrement indépendante, que son budget vient directement du fonds consolidé et est approuvé par l'Assemblée nationale après le fait. De plus, les directeurs de scrutin sont nommés à la suite d'un concours public sans aucune ingérence politique. En revanche, «le statut des directeurs généraux des élections au Canada, qui a évolué vers celui du Québec, n'accorde pas la même indépendance. Les 300 et quelques directeurs de scrutin sont nommés par le Conseil des ministres à Ottawa qui n'a jamais voulu abandonner cette prérogative[71].»

Nous pouvons nous époumoner à défendre l'excellence et la transparence des pratiques québécoises en matière de démocratie

---

71. Entrevue avec Pierre-F. Côté, 24 août 2004.

électorale et référendaire, il restera toujours des adversaires acharnés de l'indépendance du Québec pour tenter de discréditer autant l'objectif que les moyens utilisés pour y arriver, aussi démocratiques soient-ils. À titre d'exemple, l'éditorial de *The Gazette* du 27 avril 2005, reproduit ailleurs au Canada, prétend à tort que la vaste majorité des 86 500 bulletins rejetés en 1995 étaient pour le NON, chiffre près de neuf fois plus élevé que les 9 000 bulletins rejetés dans les trois circonscriptions où il y a eu des entorses. L'éditorial se termine par un appel bien senti pour «des règles claires, appliquées avec vigueur et transparence lors du prochain référendum, s'il y en a un. «*Nobody should be able to steal a country*», tonne l'éditorial. (Personne ne doit pouvoir voler un pays.)

***

Ce débat autour du supposé complot national pour voler le pays cache un autre fait extrêmement troublant dont le mystère demeure entier. Dans ses discours et en entrevue, Jacques Parizeau revient souvent sur le fait qu'environ 50 000 personnes auraient voté en 1995 sans détenir la carte d'assurance maladie du Québec. Cette accusation est très grave. Les adversaires de la souveraineté prétendent qu'elle est frivole, le chiffre étant sorti du chapeau du Parti québécois pour pouvoir parler d'un «référendum volé».

Non, ce chiffre n'a pas été tiré du chapeau du Parti québécois. Voici comment le directeur des élections l'explique:

«En 1995, le DGE a établi une liste électorale permanente et informatisée avant le référendum en faisant, comme d'habitude, du porte-à-porte. C'est à partir de cette liste révisée durant la période référendaire que les Québécois ont voté le 30 octobre 1995. Après le référendum, le DGE a fait une comparaison informatique avec la liste de la Régie d'assurance maladie du Québec (RAMQ). En faisant cette comparaison, la RAMQ a déterminé qu'il y avait environ 300 000 électeurs sur la liste électorale qui n'étaient pas inscrits comme assurés à la RAMQ. Pour corriger l'erreur, le DGE a écrit à tous ces électeurs afin de vérifier et valider leur identité telle que recensée lors du porte-à-porte précédant le référendum (ex., des noms mal écrits). Après toutes ces vérifications et corrections, environ 50 000 électeurs sur la liste électorale de 1995 sont demeurés sans correspondance avec un assuré de la RAMQ. Plusieurs motifs peuvent expliquer cette situation: absence de carte d'assurance maladie (le cas de militaires et membres de la Gendarmerie royale du Canada), identité différente sur la liste électorale et à la RAMQ[72].»

S'il ne s'agit que de militaires et de membres de la GRC, le chiffre nous paraît très élevé. Pour des militants du Parti québécois, surtout dans ce qu'on appelle Montréal-Ville-Marie, qui ont fait du porte-à-porte pour le recensement, il ne fait aucun doute qu'une partie très importante de ces 50 000 noms représentaient en fait de faux électeurs, des noms fictifs renvoyant à des adresses parfois fictives, ce qui permettait à des gens de voter plus d'une fois. Parmi les anecdotes entendues, on trouve une dizaine de noms d'électeurs vivant dans un *bachelor*, des noms tirés de cimetières, un chien nommé Shirley qui aurait voté dans le comté de D'Arcy-McGee, des électeurs habitant à une adresse où il n'y a qu'un magasin, et des noms de propriétaires d'automobiles immatriculées en Ontario transportant de futurs électeurs à la Commission d'inscription à la liste électorale du comté de Jacques-Cartier. Ce sont des faits anecdotiques, mais ils nous conduisent souvent à la vérité. Moins anecdotique toutefois est l'augmentation de 16% du nombre de noms sur la liste électorale de la circonscription de Westmount-Saint-Louis entre les élections de 1994 et le référendum de 1995.

Aux élections québécoises de 1998, Jean-René Dufort a réussi, devant la caméra, à voter cinq fois la même journée. Il y a eu aussi des condamnations au criminel et la démission du député libéral d'Anjou pour cause de fraude électorale. L'orchestration de l'opération dévoilée dans les procès pour fraude a exigé beaucoup de temps, ce qui permet de croire qu'elle était bien en place avant le référendum de 1995. Il est donc permis de croire que l'écart d'environ 50 000 électeurs constaté par le DGE s'explique aussi beaucoup par la fraude orchestrée par des partisans du NON.

---

72. Correspondance de Jean Poirier, responsable de la liste électorale permanente et directeur général des élections du Québec, 16 juin 2004.

Selon le directeur général des élections, cette situation aurait été corrigée depuis: «Des travaux afin de régler la situation ont été réalisés. En 1999, le législateur a instauré une commission de révision permanente ayant pour objet d'étudier les cas soumis par le DGE. Les 50 000 dossiers ont été analysés par cette commission. Certaines personnes ont vu leur nom radié de la liste électorale permanente parce qu'elles ne demeuraient plus à l'adresse indiquée sur cette liste, d'autres ont vu leur dossier corrigé à la faveur d'un recoupement avec le fichier des assurés de la RAMQ. Enfin d'autres sont demeurés non recoupés à la RAMQ mais, puisqu'ils demeurent toujours à l'adresse indiquée sur la liste électorale permanente, ils ont maintenu leur inscription[73].» Le DGE n'était pas en mesure, toutefois, de chiffrer le nombre d'électeurs radiés et le nombre d'électeurs corrigés et toujours inscrits sur la liste électorale.

***

Revenons à l'idée, lancée comme une panacée pour empêcher que le Canada ne vole la victoire lors d'un prochain référendum au Québec, qui consiste à faire venir des observateurs internationaux. On sait que les observateurs internationaux envoyés pour surveiller des élections se penchent surtout sur le déroulement du vote la journée même du scrutin. Le Québec peut très bien inviter des observateurs internationaux, mais pour chaque observateur vraiment neutre et sérieux que l'Assemblée nationale du Québec désignera et dont le travail sera défini et balisé par celle-ci pour se concentrer sur l'ingérence de l'État canadien dans le processus québécois, parce que c'est là où le bât blesse, il y aura cinq observateurs internationaux à l'œuvre le jour du scrutin et qui ne seront neutres que parce qu'ils le proclament eux-mêmes ou parce que des institutions ou organismes d'une «société civile», canadienne ou autre, le décrètent. Tous les rapports sobres et factuels que produiront les observateurs neutres dûment désignés seront enterrés sous les

---

73. Correspondance de Jean Poirier, responsable de la liste électorale permanente et directeur général des élections du Québec, le 20 juin 2004.

1. Jacques Parizeau a soigneusement préparé la campagne référendaire depuis qu'il est devenu chef de l'opposition officielle en 1989. Le tandem de Jacques Parizeau et de Lucien Bouchard démontrait la profondeur du mouvement souverainiste.

© Jacques Nadeau

2. Les jeunes sont au cœur de tout grand changement politique. C'était le cas en 1995.

3. Déjà en 1995, le mouvement souverainiste faisait des progrès auprès de la population issue de l'immigration.

4. Brian Tobin à ses bureaux de First Canadian Place, à Toronto, le 3 décembre 2004. Son grand fait d'armes a été de concevoir et d'organiser la grande manifestation du 27 octobre 1995, à Montréal. Selon lui et beaucoup d'autres, cette manifestation a fait pencher la balance en faveur du NON.

© Jean-François LeBlanc (Agence Stock Photo)

5. Sheila Copps et Brian Tobin, deux ministres importants du gouvernement du Canada, réchauffent la foule lors de la manifestation d'« amour », à Montréal, le 27 octobre 1995. L'objectif, selon Sheila Copps, était d'« écraser » les souverainistes et tous les moyens étaient bons.

© Robin Philpot

6. John Honderich, à Toronto, le 28 septembre 2004. «All's fair in love and war, and this was war!» (À la guerre comme en amour, tout est permis. Là, c'était la guerre!) nous a-t-il déclaré. Au nom du plus grand journal canadien, *The Toronto Star*, John Honderich a nolisé 10 autobus pour la manifestation du 27 octobre 1995 et publié gratuitement plusieurs annonces pleine page afin de mobiliser les « troupes ».

© Jacques Nadeau

---

7. Daniel Johnson, chef du Comité pour le NON, exécute un pas de danse devant une image du mal nommé *love-in*, qui ressemblait bien davantage à une occupation par le Canada qu'à une manifestation d'amour. Daniel Johnson riait-il parce que le Canada et des Canadiens avaient violé les lois du Québec? Une belle représentation du slogan impérial « My Canada includes Quebec! » (Mon Canada comprend le Québec!)

© Robin Philpot

8. Une voix de grande sagesse que le Canada ne veut pas
   entendre: Jane Jacobs, à Toronto, le 2 mai 2005. Sommité
   mondiale en urbanisme, elle a soutenu le OUI en 1980,
   en 1995 et elle appuie, encore en 2005, l'indépendance du
   Québec. Selon elle, la prospérité de Montréal en dépend.

déclarations fracassantes des autres, grâce notamment à la crédibilité instantanée que leur conféreront toutes les caméras des CNN et des agences de presse du monde. D'autant plus que, comme nous l'avons démontré, les manuels de formation et les consignes pour ces observateurs sont déjà prêts, se trouvant détaillés dans la requête contre le DGE et le procureur général ainsi que dans *The Gazette*.

Regardons de nouveau quelques-unes des allégations de la requête sur le référendum de 1995 qui vont bien au-delà des bulletins rejetés dans les trois circonscriptions.

- Certains électeurs qui se trouvaient hors Québec ont eu des difficultés à être recensés et à voter et ont été privés de leur droit de vote;

- les noms de certains électeurs ont été illégalement enlevés des listes électorales;

- durant la tenue du référendum, les électeurs, dans certains bureaux de vote, ont dû attendre en ligne, à l'extérieur, des périodes de temps inacceptables;

- dans certains bureaux de vote, des électeurs ont été soumis à des interrogatoires interminables en ce qui concerne leur capacité de voter par les représentants du Comité du OUI.

Ces quatre allégations ont un seul fil conducteur et elles proviennent d'un seul problème rencontré en 1995, problème qui n'a toujours pas été réglé: l'identification des électeurs. L'identification était au cœur du conflit concernant les électeurs hors Québec, l'identification est l'essence même des listes électorales, les files d'attente s'allongeaient parce que les responsables du scrutin (scrutateurs, représentants et autres) doutaient de l'identité de l'électeur ou de l'électrice, et l'interrogatoire était l'un des seuls moyens de s'assurer que celui ou celle qui se présentait était bel et bien la personne inscrite sur la liste électorale. C'est le problème qui attirera l'attention des observateurs internationaux, mais c'est aussi le problème qui reste à résoudre, malgré ce qu'en dit le DGE des 50 000 électeurs qui, en 1995, n'étaient pas inscrits sur les listes de la RAMQ.

Puisque les référendums québécois portent nécessairement sur des sujets de grande importance, il existe, et il existera toujours, une forte tentation de violer les lois électorales, si l'on se fie à la maxime chère aux adversaires de la souveraineté du Québec qui veut que la fin justifie les moyens. On peut donc présumer que les situations décrites dans la fameuse requête se reproduiront au prochain référendum. Imaginons donc les beaux reportages et les belles images télé que nos observateurs «neutres» postés stratégiquement dans l'ouest de l'île de Montréal offriront au monde : ces francophones blancs pure laine empêchant les simples citoyens, gens de couleur, Juifs, porteurs de turban, «ethniques», anglophones, de voter, parce que, ô quel péché ! ils doutent de leur qualité d'électeur ; ces files d'attente où on pourra crier au «vol du pays». Oui, ces scènes se reproduiront et elles seront diffusées partout, et cela grâce à nous, les souverainistes, qui aurons invité des observateurs internationaux à superviser notre référendum.

À moins, bien sûr, que ces scènes ne se reproduisent pas, simplement parce que le Québec se sera doté d'une carte d'électeur avec photo ! D'un coup, on réglerait le problème de l'identité de l'électeur et rendrait superflue la présence d'observateurs internationaux le jour du vote. Car tant qu'il reste du flou au sujet de l'identité des électeurs, que nous le voulions ou non, le travail des observateurs internationaux portera nécessairement sur le déroulement du scrutin le jour du vote. Et le Québec en sortira perdant. Régler le problème de l'identification par une carte d'électeur permettrait aussi aux observateurs internationaux, si on décide de faire appel à eux, de se concentrer sur le plus grand violateur de la loi québécoise : l'État canadien.

Est-il possible que l'engouement de certains pour l'idée d'observateurs internationaux au prochain référendum cache l'indécision, voire la peur, d'adopter des mesures fermes, comme la carte d'électeur avec photo, qui risquent de ne pas faire l'unanimité comme le veut la coutume ? Pour faire l'économie d'un débat politique essentiel mais difficile, nous demanderions à des observateurs internationaux de se substituer à l'État québécois ? Espérons que ce n'est pas le cas.

8

LE DERNIER ALIBI DU CANADA ANGLAIS S'ENVOLE : LES AUTOCHTONES

> *La lutte de libération prend l'air d'une querelle*
> *intestine de la société dominée, querelle dont le dominateur*
> *reste apparemment absent, en faisant agir ses intermédiaires à sa place.*
> ANDRÉ D'ALLEMAGNE, *Le colonialisme au Québec*, 1966

Comment parler du référendum de 1995 sans parler de la question des autochtones du Québec et des tentatives du Canada et de toute sa classe politique de mobiliser les nations autochtones contre l'option souverainiste. Contrairement aux tripotages et aux violations de la loi québécoise sur la consultation populaire, cette politique autochtone canadienne ne relève pas de l'illégalité ni du vol du référendum. Elle relève purement d'une tradition impériale, très en vogue à l'époque coloniale, qui consistait à intimider, à diviser pour régner et à fomenter la discorde ethnique et raciale dans le seul but de maintenir la domination du Canada sur le Québec. En ce sens, toutefois, la politique canadienne en 1995 a violé clairement le droit international des nations de disposer librement d'elles-mêmes, tel que défini dans le Pacte international relatif aux droits civils et politiques, adopté en 1966 dans la foulée de la décolonisation et ratifié par le Canada. Pour nous rafraîchir la mémoire, voici ce que dit l'article premier : « Tous les peuples ont le droit de disposer d'eux-mêmes. En vertu de ce droit, ils déterminent librement leur statut politique. [...] Les États parties au présent pacte [ex., le Canada] sont tenus de faciliter la réalisation du droit des peuples à disposer d'eux-mêmes. »

Il faut dire que la table avait été bien mise avant la campagne référendaire. Il y a d'abord eu le rejet de l'Accord du lac Meech : pour enterrer cet accord, l'aile Chrétien-Trudeau du Parti libéral du Canada avait misé énergiquement sur les « *First Nations* ». Notons que ce terme a été adopté opportunément pendant cette période au Canada justement pour anéantir la volonté québécoise d'obtenir une reconnaissance nationale et banaliser l'idée que le Québec formait une nation avec une histoire vieille de près de 400 ans. Il y a eu ensuite la crise d'Oka et les débats houleux entourant le projet Grande-Baleine qui ont débordé des frontières québécoises, canadiennes et même nord-américaines. Ces débats et événements, bien qu'ils aient pu aboutir avec le temps à une meilleure compréhension de la situation difficile des nations autochtones au Québec, avaient incontestablement comme toile de fond les aspirations indépendantistes des Québécois et des Québécoises[74].

L'opinion publique canadienne était donc conditionnée, elle l'était de façon pavlovienne même, de sorte que, dès qu'on faisait allusion à la souveraineté du Québec, la réponse automatique était : « Et les Cris, et les Mohawks, et les Algonquins ? » Les plus pavloviens étaient les membres de l'élite politique canadienne. Même si, pendant cette année référendaire, l'actualité canadienne regorgeait d'événements touchant les nations autochtones aussi graves que spectaculaires, ces dirigeants canadiens n'avaient d'yeux que pour les nations autochtones du Québec. Ni la mort violente de Dudley George, Chippewa du sud de l'Ontario, tué le 6 septembre 1995 par le policier Kenneth Deane de l'Ontario Provincial Police qui, selon des révélations récentes, agissait sous les ordres politiques directs du bureau du premier ministre ontarien Mike Harris, ni les barricades et la fusillade à Gustafsen Lake, en Colombie-Britannique, suivies de l'incarcération des principaux acteurs, ne faisaient le poids pour calmer l'ardeur des bien-pensants à semer la discorde au Québec ou pour attirer

---

74. Voir les écrits de l'auteur à ce sujet : *Oka. Dernier alibi du Canada anglais*, Montréal, VLB éditeur, 1991 (réédité et enrichi d'une postface « Dix ans après »), et « Robert Bourassa, les peuples autochtones et la stratégie de la corde raide », *Robert Bourassa. Un bâtisseur tranquille*, Guy Lachapelle et Robert Comeau (dir.), Québec, Presses de l'Université Laval, 2003.

le dixième de la sympathie et du soutien dont les Warriors Mohawks avaient bénéficié pendant la crise d'Oka en 1990.

Obtenir et maintenir un tel conditionnement de l'opinion publique demandent une direction politique et une stratégie à long terme. Dès l'élection du Parti libéral du Canada et de Jean Chrétien en 1993, cette direction politique commençait à se faire sentir, notamment dans le débat entourant le projet hydro-électrique de Grande-Baleine, car tout y était: le territoire du Québec et le potentiel de conflit, le développement économique du Québec, l'État du Québec propriétaire d'Hydro-Québec, etc. Alors que le gouvernement conservateur de Brian Mulroney et son appareil diplomatique avaient accepté, comme il se devait, de défendre le Québec sur la scène internationale contre des attaques exagérées sur le supposé génocide en cours dans le Nord-du-Québec, le gouvernement libéral de Jean Chrétien a donné nettement l'impression d'encourager cette campagne de dénigrement et d'aider à l'étendre au-delà de la question du développement hydroélectrique[75].

Dès mai 1994, au nom du gouvernement du Canada, le ministre libéral des Affaires indiennes et du Nord, Ron Irwin, a lancé l'idée que le Canada serait prêt à «partitionner» le Québec en intervenant au nom des nations autochtones, surtout celles du Nord-du-Québec. Le premier ministre libéral du Québec, Daniel Johnson, ainsi que le chef de l'opposition officielle à l'Assemblée nationale, Jacques Parizeau, ont rondement dénoncé les déclarations du ministre Ron Irwin, mais celui-ci continuera jusqu'au 30 octobre 1995 à inviter les nations autochtones du Québec à se séparer du Québec advenant un OUI. Il multipliera ses tournées au Québec, notamment en faisant tandem avec le chef cri Matthew Coon Come.

Après l'élection du Parti québécois en septembre 1994, le gouvernement du Canada, dont le ministre des Affaires étrangères était André Ouellet – celui qui deviendra par la suite PDG de Postes Canada – n'a plus caché son jeu dans la coordination de la campagne de dénigrement du Québec. Alors

---

75. L'auteur était conseiller au Service des affaires autochtones d'Hydro-Québec pendant toute cette période. À ce titre, il a représenté Hydro-Québec lors de débats au sujet de Grande Baleine dans les législatures et universités américaines et a constaté *de visu* le comportement troublant du gouvernement canadien au sujet du Québec et des peuples autochtones.

que le gouvernement du Québec avait toutes les misères du monde à obtenir des rencontres de haut niveau à Washington, et jamais sans chaperon de l'ambassade du Canada, toutes les portes importantes seront ouvertes pour le grand chef des Cris, Matthew Coon Come. Le comble de l'histoire, c'est que l'ambassadeur canadien à Washington, M. Raymond Chrétien, neveu du premier ministre Jean Chrétien, a relu et approuvé les discours prononcés à Washington par M. Coon Come à l'automne 1994. Dans ses discours – j'y assistais comme porte-parole d'Hydro-Québec lors du discours à Washington le vendredi 18 novembre 1994, jour où Jacques Parizeau a annoncé l'annulation du projet Grande-Baleine –, M. Coon Come qualifiait de « raciste » la politique québécoise à l'endroit des autochtones, et, par la même occasion, le premier ministre Jacques Parizeau (« *a racist double standard* »). Le gouvernement du Québec, par la voix du vice-premier ministre Bernard Landry, a demandé que le Canada envisage de rappeler l'ambassadeur Raymond Chrétien[76]. La réponse d'Ottawa ne faisait que confirmer son jeu : à la Chambre des communes, Sheila Copps, alors vice-première ministre, a simplement dit que le Canada ne rappellerait pas Raymond Chrétien et que le Québec n'avait qu'à se défendre en réfutant les critiques de Matthew Coon Come.

Si on devait exposer sur une grande toile la campagne référendaire de l'État canadien et d'une partie importante de sa classe politique et médiatique, il faudrait mettre en filigrane une carte du Québec, fissurée et morcelée, qui ressemblerait à l'Afrique dont les frontières ont été dessinées arbitrairement selon le bon vouloir des puissances coloniales. Puisque les sondages montraient aux adversaires du Québec que les Québécois étaient inquiets à l'idée qu'ils pourraient perdre une partie de leur territoire, brandir cette menace représentait une excellente façon de réduire l'appui au OUI. Dix ans plus tard, la position demeure inchangée dans l'esprit de plusieurs grands ténors antisouverainistes canadiens, même si la situation au Québec a changé de fond en comble en raison de la détermination du Québec d'en arriver à des ententes globales avec les nations autochtones.

---

76. Lettre du vice-premier ministre et ministre des Affaires internationales, M. Bernard Landry, au ministre des Affaires étrangères, M. André Ouellet.

Les ténors antisouverainistes que nous avons rencontrés à Toronto, à Ottawa ou à Montréal répètent la même rengaine quand on leur demande s'ils sont prêts à reconnaître que le Québec forme une nation. Pour Sheila Copps, par exemple, le Québec ne constitue pas une nation, alors que les Cris ou les Algonquins en constitueraient une. Où est-ce que Mme Copps a décidé de mener la campagne du NON dans les derniers jours avant le vote du 30 octobre 1995? Dans les communautés innues de la Côte-Nord[77].

Me Casper Bloom, qui a dirigé le *Committee to Register Voters Outside Quebec* (voir le chapitre 6), se vante d'avoir consacré le reste de son temps à convaincre les autochtones de s'inscrire et de voter NON. «C'était dans leur intérêt, comme nations autochtones, de voter NON. J'ai contacté Joe Norton, j'ai participé à des réunions de chefs autochtones du Québec, j'ai débattu avec Ovide Mercury [sic] qui avait eu l'idée ridicule de rester neutre dans le débat[78].»

L'ancien ambassadeur des États-Unis, James Blanchard, en parle abondamment dans son livre publié en 1998, carte partitionniste à l'appui. Il se sert de déclarations de Matthew Coon Come pour brandir la menace de «conflits pouvant escalader jusqu'à la guerre civile».

John Honderich, qui dirigeait le plus important quotidien au Canada, *The Toronto Star*, proclame: «Si vous acceptez qu'ils [les Québécois] peuvent décider de leur avenir, pourquoi cela ne s'applique-t-il pas aux autres groupes et nations à l'intérieur du Québec, comme les Cris et les Inuits? Je n'acceptais pas la position du Québec sur la nature sacro-sainte de ses frontières. Comme je ne l'accepte pas, l'une des choses que nous avons faites au *Toronto Star* avant le référendum, et nous avons probablement violé les lois du Québec en le faisant, c'est que nous avons publié gratuitement une publicité des Cris[79].»

En effet, une publicité pleine page avec carte partitionniste du Québec a paru dans *The Toronto Star* le samedi 28 octobre 1995,

---

77. Entrevue avec Sheila Copps, 15 février 2005.

78. Entrevue avec Casper Bloom, 30 décembre 2004.

79. Entrevue avec John Honderich, 28 septembre 2004.

à deux jours du référendum. Coût estimé: 25 000 $, gracieuseté, avons-nous appris, de John Honderich et du *Toronto Star*. Cette publicité suivait celles publiées plus tôt la même semaine annonçant le voyage gratuit de Toronto à Montréal pour le mal nommé *love-in* (voir le chapitre 10). On parle, un jour, d'amour avec le «*Show Quebec you Care*» (Montrez au Québec que vous l'aimez) dans les publicités du 26 et du 27 octobre, mais cet amour cache mal l'esprit guerrier de la publicité gratuite du lendemain qui dit, en gros, «nous allons découper et confisquer des parties importantes de votre territoire».

Pour confirmer cette pensée guerrière, *The Toronto Star* terminera sa campagne pour le NON avec un éditorial, le dimanche 29 octobre, qui reprend le contenu de l'annonce gratuite offerte aux Cris, et il en rajoute, toujours avec la carte partitionniste. Le titre en dit long: «*Quebec's natives fire a warning shot!*» (Les autochtones du Québec tirent un coup de semonce!) «Les positions des Cris et des Inuits sont convaincantes, poursuit l'éditorialiste. Elles trouveraient un auditoire réceptif dans les capitales étrangères comme Londres, Washington et Paris, sans parler des tribunaux. Les séparatistes pourraient découvrir que, en retour de la reconnaissance internationale d'un Québec indépendant, ils devront se résigner à abandonner plus de la moitié de territoire – y compris les barrages hydroélectriques de la baie James.» C'est quand même fort comme journalisme: *The Toronto Star* offre aux Cris du Québec une page de publicité gratuite dans le premier cahier de son journal du samedi, qui propose la partition du Québec, et le lendemain il en fait un éditorial où il prétend que ce sont les Cris du Québec qui tirent des coups de semonce.

Le résultat du vote chez les autochtones du Québec était prévisible. Hormis les Mohawks de Kanesatake, de Kahnawake et d'Akwesasne, qui ont continué en grande majorité de s'abstenir, les autres nations ont voté à plus de 90% pour le NON. Vu la pression exercée par le Canada, ce n'est pas surprenant. Même le taux de participation a augmenté considé-rablement par rapport aux élections de 1994, passant de 52% à 85% dans le comté d'Ungava où se trouvent les communautés cries et inuites.

Dans les années suivant le référendum, l'hypocrisie de la politique canadienne à l'égard des autochtones commencera à sauter aux yeux. Matthew Coon Come s'en apercevra lorsqu'il deviendra chef de l'Assemblée des Premières Nations du Canada en 2000. Pensant pouvoir faire des déclarations à l'emporte-pièce contre le Canada, comme il le faisait contre le Québec sous les applaudissements nourris du Canada, il s'en est permis de bonnes sur l'attitude coloniale d'Ottawa, sur l'état de pauvreté et sur la discrimination dont les autochtones font toujours l'objet au Canada. La réaction négative à l'endroit de Matthew Coon Come était telle que lorsque celui-ci, qui avait été, quelques années auparavant, le chouchou de tout le Canada, a quitté la présidence en 2003, il n'arrivait même plus à obtenir une rencontre avec le ministre fédéral des Affaires indiennes et du Nord, qui ne tolérait plus ses déclarations. Or, le même gouvernement libéral sous Jean Chrétien avait tout fait pour que le chef cri fasse monter les enchères dans ses attaques contre le Québec, allant jusqu'à lui trouver des tribunes internationales prestigieuses.

Plusieurs leaders d'opinion autochtones refusaient d'être les dupes du Canada dans la période postréférendaire lorsque l'idée de la partition était sur toutes les lèvres canadiennes, à commencer par Jean Chrétien et Stéphane Dion. Certains méritent d'être mentionnés. Kenneth Deere, rédacteur en chef du journal *Eastern Door* de Kahnawake, l'a très bien exprimé en proposant aux Mohawks de rester neutres dans le débat. En éditorial, sous le titre, « Parfois c'est mieux de garder le silence », Kenneth Deere écrit : « Ils [les Mohawks] doivent se rendre compte que les forces en présence veulent absolument se servir des autochtones comme pions dans leur stratégie de chantage contre le Québec. [...] Le Canada veut, coûte que coûte, garder le Québec. En jouant la carte autochtone, il peut mettre le Québec sur la défensive. Le Canada essaie d'embarrasser le Québec sur les scènes nationales et internationales. Mais les autorités oublient de dire que les peuples autochtones peuvent, à l'instar du Québec, devenir indépendants[80]. »

S'ajoute, à la prise de conscience sur l'hypocrisie de la politique canadienne à l'égard des autochtones, une prise de

---

80. Kenneth Deere, « Sometimes it's better to stay silent », *Eastern Door*, février 1996 (traduction libre).

conscience aussi importante des dirigeants politiques québécois, souverainistes et fédéralistes confondus, sur l'importance de comprendre les revendications autochtones et de conclure des ententes globales satisfaisantes, autant pour le Québec que pour les nations autochtones, que le gouvernement du Canada soit d'accord ou non. À cet effet, la Paix des Braves signée en février 2002 a bouleversé la donne. Après l'enflure verbale et politique du début des années 1990, qui pouvait imaginer que le Québec puisse être vanté sur les tribunes internationales pour son audace et son esprit innovateur dans ses relations avec les nations autochtones? Cela s'est vraiment passé, et les artisans de la Paix des Braves méritent tous les éloges.

Pour donner une petite idée du progrès réalisé, comparons les résultats référendaires dans les communautés cries avec les résultats dans les mêmes communautés, aux élections québécoises du 14 avril 2003. En 1995, les Cris ont voté à 95,4 % pour le NON. En 2003, quoique le taux de participation ait été faible, dépassant rarement les 40 %, le candidat du Parti québécois a reçu 40 % des suffrages exprimés, contre 55 % pour le Parti libéral et 4 % pour l'ADQ. De plus, le grand chef Ted Moses a même invité les Cris à voter en faveur du candidat du Parti québécois. Nous n'avons toujours pas obtenu un appui à l'indépendance du Québec, mais personne ne peut nier que des barrières sont tombées. Aux souverainistes de continuer sur le même chemin.

9

LE MAUVAIS PLI EST PRIS :
LE MAL NOMMÉ *LOVE-IN* DU
27 OCTOBRE 1995

(Il suffit d'un certain tapage
pour étouffer la voix d'un peuple...)
leur invasion fut exemplaire
discrète calme bienséante
et pour tout dire
non violente
MICHÈLE LALONDE, *Événement d'octobre [1970]*[81]

Les paroles suivantes de Sheila Copps en disent long :
« Pendant la campagne, Claude Garcia a dit : "Il faut les écraser."
Quand vous vous battez contre quelqu'un qui veut diviser votre
pays, pourquoi vous ne voudriez pas l'écraser[82] ? »

Sheila Copps a été vice-première ministre du Canada
pendant le référendum et ministre du Patrimoine canadien de
1996 à 2003. Claude Garcia est ce dirigeant de la campagne du
NON, président de la Standard Life et, à l'époque, président
du conseil d'administration de l'Université du Québec à
Montréal, qui a déclaré, le dimanche 24 septembre 1995,
devant des militants du Parti libéral qui l'applaudissaient à
tout rompre : « Il ne faut pas gagner le 30 octobre, il faut [les]

---

81. Michèle Lalonde, *Défense et Illustration de la langue québécoise*, coll. Change,
Seghers/Laffont, Paris, 1979, p. 46.

82. Entrevue en anglais avec Sheila Copps, Ottawa, 15 février 2005.

écraser.» Les dirigeants de la campagne du NON se sont distancés de cette déclaration, sans la condamner, mais dix ans plus tard, Sheila Copps, qui, à la suite du NON du 30 octobre 1995, a été investie de pouvoirs importants sur l'avenir du Québec, sur sa culture et son identité, n'hésite pas à prendre fièrement à son compte cette déclaration de Claude Garcia ainsi que la métaphore que Lise Bissonnette a si bien résumée dans un éditorial le 26 septembre 1995. «La métaphore de M. Garcia, savourée, préparée, applaudie, fait appel à un instinct de destruction beaucoup plus profond. Elle n'est pas le fruit du hasard. Elle est le terme logique de la stratégie fédérale qui domine le camp du NON, et que M. Daniel Johnson ne contrôle pas.»

C'est cette volonté d'écraser qui, semble-t-il, a animé les organisateurs du très mal nommé *love-in* du 27 octobre 1995.

«*All's fair in love and war, and this was war!*» (À la guerre comme en amour, tout est permis. Là, c'était la guerre!), nous a déclaré John Honderich, propriétaire et directeur, en 1995, du *Toronto Star*, le plus important quotidien du Canada par son tirage. Au nom de son journal, John Honderich a nolisé 10 autobus pour faire le voyage à Montréal et gonfler les rangs du si mal nommé *love-in*[83]. Non seulement il a nolisé les autobus, mais il les a remplis à l'aide d'annonces rouges, pleine page, publiées dans son journal la veille de la fameuse marche. Coût estimé de la publicité: 40 000 $. Son dévouement à cette guerre a également aidé à remplir d'autres autobus parce que les publicités pleine page, fournies gratuitement, annonçaient le départ, gratuit lui aussi, des autobus nolisés par tous les députés libéraux de la grande région de Toronto.

«Écraser» dans une «guerre» pour manifester «l'amour». Étonnant, n'est-ce pas, la capacité de ces termes de se côtoyer, de sortir de la même bouche, voire du même souffle? Étonnant aussi que ceux et celles qui les prononcent pensent toujours que les Québécois vont les accueillir à bras ouverts, passer l'éponge, et ne retenir que leurs «professions d'amour». Surtout lorsqu'on sait que les mots «écraser» et «guerre» ont guidé le Canada et sa classe politique pendant les 10 années qui ont suivi le référendum du 30 octobre 1995, et le guident

---

83. Entrevue en anglais avec John Honderich, Toronto, 28 septembre 2004.

toujours. En effet, ce mauvais pli a vraiment été pris lors du mal nommé *love-in* qui, lui, couronnait une semaine d'excitation canadienne pour le moins suspecte. Bref, la permission de violer les lois du Québec et de violer la loi tout court, comme l'ont démontré amplement les témoignages à la Commission Gomery, la classe politique du Canada se l'est vraiment donnée pendant cette semaine d'excitation canadienne qui a précédé le référendum de 1995.

Le commandant en chef était Brian Tobin, alors ministre des Pêches et des Océans et «Capitaine Canada» depuis qu'il avait fait arraisonner un navire de pêche espagnol. Lui-même se vante d'avoir organisé la manifestation, bien que d'autres, tout en convenant à contrecœur que c'était lui, auraient aimé en avoir le crédit, car il semble que ce mal nommé *love-in* a pu faire pencher la balance en faveur du NON. Jacques Parizeau le pense, l'ancien ambassadeur James Blanchard le croit aussi, tout comme John Parisella du Comité pour le NON. Brian Tobin en dit ceci: «Quand vous gagnez par un point de pourcentage et que vous avez tenu, dans les jours précédant le scrutin, une grande manifestation de 100 à 150 mille personnes qui brandissent tous le drapeau canadien dans la ville de Montréal, vous vous dites que c'est là que vous l'avez vraiment emporté: il n'y a pas de doute dans mon esprit qu'elle a eu un effet bénéfique[84]!»

On rencontre Brian Tobin, associé du grand bureau d'avocats Fraser Milner Casgrain, à – on aurait pu le deviner – *1 First Canadian Place*, à l'angle de la rue King et de la rue Bay, à Toronto. Pour quelqu'un qui dit qu'il ne retournera pas à la politique, Brian Tobin a bien choisi l'endroit pour cultiver des relations avec ceux qui font et défont les gouvernements et les carrières politiques du Canada. Être bien perché dans une tour torontoise, à l'angle de la rue King et de la rue Bay, est un bien meilleur gage pour une future carrière politique que de besogner comme premier ministre de Terre-Neuve ou de faire les cent pas comme ministre, à Ottawa, ou encore comme député de l'opposition, sous la gouverne d'un Jean Chrétien ou d'un Paul Martin. Travailler à *First Canadian Place*, à Toronto, est important surtout pour un populiste qui a pu, parfois, paraître comme un canon

---

84. Entrevue en anglais avec Brian Tobin, Toronto, 3 décembre 2004.

détaché de ses amarres aux yeux de ceux qui bénissent – ou condamnent – tout aspirant au poste politique le plus important au Canada.

Depuis le référendum de 1995, la carrière politique de Brian Tobin a suivi un chemin aussi tortueux, sinon plus, que celle de Lucien Bouchard. De joueurs importants sur la scène politique canadienne, tous deux sont devenus, peu après, premiers ministres «provinciaux» de provinces qui, au fond, ne voulaient pas vraiment être seulement des provinces. Tous deux ont ensuite démissionné en plein mandat. Pour Brian Tobin, c'était un retour à Ottawa et au vrai pouvoir, le pouvoir provincial (oxymore par excellence) n'étant pas suffisant. Pour des raisons évidentes, un retour à Ottawa était impossible pour Lucien Bouchard.

Avant de se trouver à *First Canadian Place*, Brian Tobin est passé par les hautes sphères de Magna, la grande entreprise de pièces d'automobile fondée et contrôlée par Frank Stronach, père de la conservatrice Belinda Stronach devenue libérale en mai 2005. Ce passage chez Magna a permis à Brian Tobin d'être un intermédiaire important dans cette magouille torontoise qui a établi l'union sacrée des conservateurs, des néo-démocrates et des libéraux pour sauver l'illégitime gouvernement libéral de Paul Martin et, pour un certain temps, le Canada.

Prendre un rendez-vous avec Brian Tobin a été étonnamment simple, probablement parce que la Commission Gomery n'avait pas encore dévoilé ses histoires sordides Plus tard, cela aurait été plus difficile et l'entrevue n'aurait jamais été aussi candide. Mais à bien y penser, ce n'est pas si étonnant: un aspirant premier ministre du Canada comme Brian Tobin ne voudrait pas voir paraître un livre sur le référendum québécois de 1995 sans qu'il ait eu l'occasion d'y vanter son rôle.

Voici comment Brian Tobin explique la genèse de la marche de l'unité du vendredi avant le référendum, ainsi que son déploiement[85].

«Je recevais des appels téléphoniques de sondeurs qui me disaient: "Brian, ça va très mal, les tendances nous sont très défavorables. Vous allez perdre!" Ils ne disaient pas "vous

---

85. Les citations sont tirées d'une entrevue avec Brian Tobin qui s'est déroulée le 3 décembre 2004 et de son livre *All in Good Time*, Toronto, Penguin Group Canada, 2002, p. 139-154.

risquez de perdre", mais "vous allez perdre!" Je commençais à m'inquiéter vraiment.» Brian Tobin ajoute que, selon Angus Reid, le NON traînait derrière le OUI par 7 à 14 points.

C'est donc dans un esprit de morosité profonde que, le lundi 23 octobre, Brian Tobin rencontre le personnel de son bureau ministériel et se demande si par hasard il n'y aurait pas un événement à Montréal auquel ils pourraient se joindre. On lui annonce qu'un rallye de gens d'affaires devait se tenir place du Canada, à Montréal, le vendredi 27 octobre. C'est à ce moment-là, dit-il, que l'idée d'une participation canadienne à un événement québécois a pris forme.

«J'ai toujours rejeté l'idée selon laquelle la question de la séparation du Québec puisse être décidée seulement par le peuple du Québec, écrit Brian Tobin. La notion voulant que les gens vivant ailleurs au Canada devraient "rester chez eux" parce que la question de la séparation serait un débat exclusif aux Québécois est inacceptable. C'était une erreur pour le gouvernement fédéral d'accepter les règles établies par les séparatistes. Je refusais de reconnaître qu'un gouvernement séparatiste pouvait établir la question, définir le débat et dire au reste du Canada que cela ne les regardait pas. Moins d'une semaine avant le vote, nous ne pouvions pas insister pour changer les règles pour les rendre justes.»

Le droit des peuples à l'autodétermination n'a, semble-t-il, aucune importance pour Brian Tobin. N'étant plus en mesure de changer les règles établies par le Québec, Brian Tobin choisit de les violer. Le lendemain, le 24 octobre 1995, il dit avoir reçu l'aval du premier ministre du Canada et de l'ensemble du Conseil des ministres.

Interrogé plus à fond sur le pouvoir du Québec d'établir les règles régissant les dépenses électorales ou référendaires, Brian Tobin répond: «Je ne pense pas que l'on puisse établir des règles qui excluent des gens de la Saskatchewan ou de Terre-Neuve. Ça relève d'un esprit de clocher, du tribalisme, c'est arriéré, isolationniste, une vue paroissiale du monde. (*That's parochial, tribal, backward, isolationist, parochial view of the world.*)» Mais Brian, si vous me le permettez, rien dans les lois du Québec n'empêche qui que ce soit d'intervenir ou de se prononcer sur l'avenir du Québec. Les règles ne concernent que les dépenses et leur comptabilisation transparente!

Brian Tobin avoue que la marche n'aurait jamais eu lieu sans intervention financière externe, ça relève de la logique la plus pure. « Le Parti libéral du Québec a porté très peu d'attention à cette marche, dit-il. [...] Après tout, si vous dirigiez une campagne et que vous deviez décider comment dépenser l'argent alloué par d'autres, jamais vous n'iriez organiser un rallye comme celui du 27 octobre à Montréal. »

Ayant pris connaissance du rallye prévu pour le vendredi midi, monsieur le ministre du gouvernement du Canada se met au téléphone. Il appelle le premier ministre du Nouveau-Brunswick, Frank McKenna – encore lui, de triste mémoire « meechienne » en 1990, rendu « notre » homme à Washington depuis mars 2005. McKenna promet d'amener les « troupes » du Nouveau-Brunswick à Montréal. La métaphore militaire est de rigueur ! Pour sa part, Lloyd Axworthy, autre ministre fédéral de la Couronne, promet de remplir de Manitobains tous les avions que Brian Tobin mettra à sa disposition. Le commandant Tobin, de son propre aveu, décide de mettre tout l'appareil de l'État canadien à contribution : « J'ai appelé des sénateurs, des ministres, des députés, des premiers ministres provinciaux. »

Le commandant ministre Tobin avait alors besoin d'avions, de trains et d'autobus. « J'ai appelé Hollis Harris, le PDG d'Air Canada. Sa réponse était étonnante : "Vous voulez des avions ? dit-il. Vous en aurez ! Vous pouvez compter sur nous pour les mettre là où vous les voulez." » Deuxième appel au PDG de l'autre grand transporteur, Canadien International, que Air Canada a acheté peu après avec la bénédiction et l'insistance du gouvernement du Canada. Les Lignes aériennes Canadien a rapidement annoncé que l'entreprise allait offrir un « *national unity or referendum fare* » (tarif pour l'unité nationale ou tarif référendaire) qui représentait un rabais de 90 %. Air Canada a offert le même tarif et Via Rail a emboîté le pas en offrant un tarif pour l'unité avec un rabais de 60 %.

Le gouvernement du Canada encadre toutes les activités de ses grands transporteurs. Il possède un pouvoir énorme sur eux. Certains sont, ou ont été, des sociétés d'État. Si le gouvernement fédéral leur demande quelque chose, il l'a, sans débat. Il est donc difficile de ne pas rire quand Brian Tobin proteste, tant en entrevue que dans son livre, qu'il agissait seul, à titre de simple citoyen, non pas de ministre de la Couronne, et qu'il faisait cette précision à chaque dirigeant d'entreprise en disant que leur réponse n'affecterait en rien leurs relations d'affaires avec le gouvernement. Ses protestations sonnent terriblement faux!

Il est amusant aussi de voir comment la vérité a été la première victime de cette semaine d'excitation canadienne. Le « unity rate » pour aller à la « unity march », selon les termes utilisés par Brian Tobin et les dirigeants des grands transporteurs, représentait un rabais de 1 800 $ sur chaque billet aller-retour Vancouver-Montréal : un billet ordinaire de 2 054 $ se vendait 199 $. Pour les vols Toronto-Montréal, le billet normal de 492 $ se vendait 99 $. Pendant que les présidents des transporteurs s'engageaient à financer une manifestation politique à Montréal, leurs pauvres porte-parole corporatifs avaient la tâche ingrate de le nier et de le dissimuler en inventant des explications aussi farfelues qu'insultantes.

France Poulin, porte-parole de Canadien International, a déclaré : « Canadien International a toujours voulu desservir la clientèle canadienne d'un bout à l'autre du pays. Pour Canadien, c'est une initiative tarifaire qui est exactement semblable à d'autres initiatives tarifaires qu'on a mises sur le marché il n'y a pas si longtemps [...] Canadien a fait l'annonce de forfaits Évasion-Week-end vers des destinations soleil. On a également annoncé des forfaits week-end vers les États-Unis et vers Londres [...]. Pour nous, l'intérêt, c'est de gagner une plus grande partie du marché. » On a pu entendre la même langue de bois chez Air Canada : « Il s'agit d'une réponse commerciale, non pas d'une réponse politique », disait la porte-parole Nicole Couture-Simard[86].

Outre la participation des grandes entreprises de transport dont la relation avec le gouvernement du Canada est extrêmement étroite, Brian Tobin vante le rôle déterminant joué par d'autres entreprises : « Une partie de l'histoire qui n'a pas été racontée en détail jusqu'à aujourd'hui, c'est l'appui indéfectible du « Corporate Canada ». Tous les principaux dirigeants d'affaires contactés par mon bureau ont ouvert leurs chéquiers en demandant : " Combien voulez-vous ? " »

---

86. Entrevues radiophoniques, 26 et 27 octobre 1995, Mix 96 Montréal et CJMF Québec.

Et il ajoute : « Avec Via Rail dans le coup, les compagnies d'autobus ont commencé à s'engager. J'avais des jeunes parmi le personnel de mon bureau qui n'avaient jamais participé à quelque campagne que ce soit et qui recevaient des engagements financiers d'une partie du pays pour aider à mobiliser ailleurs au pays [...]. Le lendemain [le mercredi 25 octobre], j'ai pris la parole au téléjournal matinal du réseau CTV, au téléjournal de la CBC et à diverses émissions de radio pour les inviter à venir à Montréal en avion, en train, en autobus ou par d'autres moyens en remerciant Air Canada et Canadien d'avoir offert le « *unity fare* ». Peu après midi, un représentant de Canadien International a téléphoné pour me demander d'arrêter de parler du tarif spécial – plus de 25 000 sièges s'étaient envolés en l'espace de quatre heures. » En d'autres termes, les grands médias électroniques du Canada ont donné au commandant en chef Brian Tobin le temps d'antenne nécessaire pour « s'adresser à la nation », la nation canadienne, précisons-le, pas la nation québécoise.

Le commandant ministre et maintenant citoyen Tobin n'a jamais fait l'objet d'enquête de la part du directeur général des élections du Québec. « Non, dit-il. Quelques-uns de mes amis ont reçu des lettres annonçant des poursuites, des gens un peu partout au pays qui m'ont aidé, mais il n'y a pas eu de suite à ce que je sache. » Brian Tobin ignore-t-il que l'autre branche du pouvoir de l'État canadien, sa Cour suprême, s'est chargée d'exonérer ses amis en invalidant, dans une décision rendue le 9 octobre 1997, toutes les dispositions de la loi québécoise sur la consultation populaire régissant les dépenses référendaires[87] ? Dans son témoignage devant le juge Gomery, Jean Brault de Groupaction a déclaré que dans le dossier des commandites « l'État et la politique ne faisaient qu'un ». On pourrait ajouter qu'en matière de référendums québécois l'État, la politique et le judiciaire ne font qu'un !

Quant au citoyen Tobin qui avait bénévolement appelé tous ces PDG pour qu'ils fournissent avions, trains, autobus et argent, il redevient rapidement Monsieur le ministre dès qu'on lui parle de poursuites intentées par le directeur général des élections du Québec. « J'étais un ministre du gouvernement

---

87. Voir le chapitre 10 pour plus de détails.

fédéral. Je n'ai jamais reçu d'avis en ce sens, ni avant le rallye ni après.» En effet, pour empêcher toute enquête québécoise dans la foulée du mal nommé *love-in*, l'avocate générale de la Chambre des communes, Diane Davidson, avait adressé une lettre non équivoque à la direction générale des élections du Québec: «De manière générale, écrit-elle, vous comprendrez qu'il ne serait pas opportun pour les députés de la Chambre des communes agissant dans le cadre de leurs fonctions parlementaires de se soumettre à une enquête provinciale. En conséquence, nous regrettons de devoir vous informer qu'il ne sera pas possible pour les députés concernés d'accorder une entrevue à vos enquêteurs ou de répondre à leurs questions[88].» Et vlan, on se fait remettre à notre place très provinciale!

Pendant cette même semaine d'excitation canadienne, à Toronto, John Honderich embrigade le plus important quotidien au Canada, *The Toronto Star*. «J'ai décidé moi-même de louer les autobus et de les annoncer dans notre journal», dit fièrement l'ancien «*publisher*» du *Toronto Star*[89]. John Honderich s'est fait connaître à Montréal, notamment par ses échanges épistolaires avec le rédacteur en chef de *La Presse* à l'époque, Alain Dubuc. Les «*Dear John*» et les «Cher Alain» ont décoré les pages éditoriales des deux journaux avant le référendum de 1995. Outre les salutations de politesse, on ne retient que très peu de choses.

«On nous a dit que notre action violerait la Loi sur la consultation populaire, poursuit John Honderich, mais j'ai dit tout simplement: laissez-les venir, laissez-les porter des accusations. Nous les avons défiés.

«Plus tard, il y a eu un peu de bruit. [...] Mais quand l'avenir de ton pays est en jeu [...] et je me sentais tellement impliqué que nous avons organisé le départ pour Montréal de beaucoup d'autobus à partir des bureaux du *Toronto Star*. Le journal les a payés, et je n'ai eu que des félicitations du conseil d'administration du *Toronto Star*. Lorsqu'on a eu vent de poursuites éventuelles et que *The Toronto Star* était

---

88. Extrait de la lettre du 17 avril 1996 à Mᵉ Jean Chartier, directeur des affaires juridiques du DGE.

89. Entrevue avec John Honderich, Toronto, 28 septembre 2004.

particulièrement visé, je le répète : nous avions les avocats et les caméras et nous les attendions de pied ferme. Nous l'aurions mis à la une de notre journal, nous en aurions fait une cause célèbre ! » Quand on signale à John Honderich que beaucoup de Québécois ont perçu le mal nommé *love-in* comme une démonstration de force de la majorité canadienne visant à intimider une minorité, il le reconnaît d'emblée : « Oui, c'est ça et je ne le nie pas. Mais je vous le redis, nous savions qu'il y avait une loi, mais nous nous sommes dit : au diable, les conséquences ! (*damn the consequences !*) »

Interrogé ensuite pour savoir comment il réagirait si, lors d'un vote pancanadien sur un sujet important comme la participation à une guerre ou au bouclier antimissile, les Américains venaient dépenser des millions pour faire gagner le camp proaméricain, John Honderich répond : « Je les détesterais, je leur en voudrais, je dirais que c'est illégal et que cela ne devrait pas se faire. [...] Mais la différence, dit-il, c'est que nous parlons ici d'un seul pays, le Canada. L'idée de ne pas tenir la manifestation parce qu'elle violait les lois du Québec n'a même pas été considérée. Cette conversation-là n'a même pas eu lieu ! L'argent était là. Absolument. Il y avait un sentiment qu'il y avait un objectif supérieur. Le pays était en jeu. »

L'arrogance de ce discours et la morgue de celui qui le prononçait ne trompent pas : elles tiennent de cette prérogative impériale qui prévalait tristement, en Angleterre et en France, pendant les périodes fastes du colonialisme, périodes où le droit des peuples à disposer d'eux-mêmes n'était qu'un lointain rêve. Le journaliste Bob MacKenzie, qui a travaillé pour *The Toronto Star* pendant 37 ans, d'abord pour Beland Honderich et ensuite pour son fils John Honderich, rappelle que c'est *The Toronto Star* et la famille Honderich en particulier qui ont enlevé le mot « Elliott » du nom Pierre Elliott Trudeau. « Dans l'éternelle quête canadienne pour un "*Uncle Tom*", le nom Pierre Trudeau sonnait beaucoup plus *French*, ce qui convainquait davantage le Canada anglais qu'il incarnait le Québec que si on devait écrire son nom au complet, Pierre Elliott Trudeau, comme l'ancien premier ministre l'aurait voulu. »

Le survoltage donné à la campagne référendaire québécoise par les médias canadiens et surtout torontois, mené par *The Toronto Star*, a fait des victimes même à Toronto. Le joueur de hockey Benoît Hogue en est un exemple. Joueur vedette obtenu des Islanders de New York pour la saison 1995-1996, Benoît Hogue avait eu l'outrecuidance de déclarer au journal *The Toronto Star,* pendant la campagne, que son « cœur était davantage québécois que canadien » et que les joueurs de hockey anglophones à Montréal devraient apprendre le français, tout comme lui avait appris l'anglais. La presse torontoise n'a pas lâché Benoît Hogue durant toute la campagne référendaire, ni même après. Trois mois après le référendum, le 29 janvier 1996, les Maple Leafs se sont débarrassés de Benoît Hogue en l'envoyant aux Stars de Dallas. La consolation, triste pour les Torontois, c'est que Hogue a aidé l'équipe de Dallas à remporter la coupe Stanley quelques années plus tard.

Avions, trains, autobus, tous les moyens de transport ont été mis à contribution pour gonfler les rangs de la manifestation : les ascenseurs du siège social de Bombardier aussi ! En octobre 1995, Stéphanie Tremblay travaillait au siège social de Bombardier inc. situé aux étages 28, 29 et 30 du 800, boulevard René-Lévesque Ouest, à deux pas de la place du Canada, où se trouvait le bureau du grand manitou du NON, Laurent Beaudoin[90]. Stéphanie allait voter OUI comme plusieurs de ses collègues et n'avait aucune intention de se présenter à la manifestation pour le NON. Voici son histoire :

« Un peu après 11 h, le jour de la manif, on nous a informés qu'il y avait eu une alerte à la bombe et qu'il fallait évacuer l'immeuble. Mais on a vu tout de suite que ce n'était pas normal parce qu'ils nous ont dit qu'on pourrait prendre les ascenseurs, alors que, toujours en cas d'exercice ou lors d'alertes à la bombe, il fallait faire les 30 étages à pied dans la cage d'escalier. Par exemple, c'est ce qu'on a fait quand il y a eu une vraie alerte à la bombe au sujet de nos activités à Short Brothers en Irlande du Nord. Une autre preuve que l'alerte à la bombe était fausse et planifiée pour amener plus de monde à gonfler la foule, c'est qu'il n'y avait pas de policiers ni de pompiers sur les lieux comme d'habitude. Et les autorités nous ont simplement dit de revenir après le lunch. Et quand on sortait de l'immeuble, il y avait des gens qui distribuaient des

---

90. Entrevue avec une employée du siège social de Bombardier qui requiert l'anonymat. Nous lui donnons le nom fictif de Stéphanie Tremblay.

petits drapeaux canadiens. À cause de tout ça, j'étais obligée d'assister à la manifestation, même si j'étais pour le OUI. Et ça n'avait tellement pas de bons sens, presque tous les discours étaient en anglais et je voyais certains cadres supérieurs de Bombardier se mettre à pleurer parce que tous ces Canadiens nous aimaient tant. »

Même si l'amour n'y était peut-être pas, l'humour était parfois au rendez-vous. Vers 16 heures, un employé d'Hydro-Québec qui se sentait agressé par la manifestation revenait à son bureau au siège social de l'entreprise situé à l'angle du boulevard René-Lévesque et de la rue Saint-Urbain. Un autobus, décoré de drapeaux du Canada et affichant le slogan « *My Canada includes Quebec!* » (Mon Canada inclut le Québec!) et transportant une cinquantaine de manifestants venus d'Ontario, descendait la rue Saint-Urbain vers le sud. Arrêté au feu rouge à l'angle du boulevard René-Lévesque et de la rue Saint-Urbain, le chauffeur de l'autobus a ouvert la porte pour demander à l'employé d'Hydro-Québec: « *How can I get back to place du Canada?* » (Comment est-ce que je retourne à place du Canada?) La place du Canada se trouve à une dizaine de rues à l'ouest de la rue Saint-Urbain.

Même s'il s'était senti agressé plus tôt dans la journée, l'employé d'Hydro-Québec a gardé sa présence d'esprit. Il a donc répondu avec un gros sourire à ce chauffeur qui aimait tant le Québec: « *Turn left my friend and head down that way. It's easy to find place du Canada.* » Le chauffeur a répondu « *Thanks!* » en souriant lui aussi. Il a viré à gauche et s'est dirigé vers le pont Jacques-Cartier et l'est de Montréal. L'employé d'Hydro-Québec était très heureux d'avoir donné à la cinquantaine de personnes l'occasion de mieux connaître le Québec qu'ils aimaient tant.

***

Le mensonge joue un rôle fondamental dans les mythes et récits que la classe politique anglo-canadienne tricote pour se donner le beau rôle et bâtir sa nation, surtout quand il est question du Québec. Le mensonge, par exemple, est au cœur de la légende canadienne-anglaise de Pierre Elliott Trudeau. La légende voudrait que ce premier ministre canadien ait été un homme juste et un grand démocrate qui, par sa probité, transcendait ses contemporains, alors que les deux actions les plus marquantes de son passage au plus haut poste politique du Canada, soit la proclamation de la Loi sur les mesures de guerre en octobre 1970 et son coup de force constitutionnel de 1982, sont l'œuvre d'un autocrate qui se fout éperdument de la volonté populaire.

La campagne référendaire de 1995 et surtout le mal nommé *love-in* ont été également des pépinières de mensonges et de récits officiels ridicules. Le lendemain, les grands journaux canadiens exaltaient ce grand «Woodstock canadien». Dix ans plus tard, Brian Tobin se félicite que tout le monde lui parle encore du *love-in* de Montréal en 1995, comme d'autres parlaient du célèbre *love-in* pacifiste d'août 1969, près de Woodstock dans l'État de New York. Pauvre Woodstock! Il a le dos large. Moi aussi, j'aurais voulu aller à Woodstock en 1969, j'avais l'âge, le goût, les idées politiques; c'est seulement l'avion qui me manquait, ça et le congé de travail! Pour Montréal 1995, d'autres se sont occupés de ces petits détails.

Qui dit Woodstock, dit manifestation spontanée. Donc, pour respecter le récit officiel, il faut persister à l'appeler un mouvement d'amour spontané.

Pour John Rae, vice-président chez Power Corporation, où il a toujours été payé pour s'occuper de politique et plus récemment du beau-père du patron, Jean Chrétien, le rallye du 27 octobre avait deux origines, l'une religieuse, l'autre chimique: «une conception immaculée» jumelée à une «combustion spontanée», dit-il[91]. Interrogé sur les dépenses liées à cette manifestation, John Rae, qui était membre du Comité de direction du camp du NON, répond: «Je n'ai pas dépensé un seul sou noir. Nous n'avons pas dépensé un seul sou noir. Cette manifestation n'avait rien à voir avec l'argent.» Et les avions, les trains et les autobus qui ont transporté les participants? Toujours la langue de bois: «Ce n'est pas sérieux, ça. Je vous ai dit: combustion spontanée et conception immaculée.»

---

91. Entrevue avec John Rae, Montréal, 24 novembre 2004.

Le directeur général des élections a enquêté sur John Rae dans la foulée du référendum, mais il va sans dire qu'il n'a rien découvert parce que, pour M. Rae, le *love-in* était spontané, un point c'est tout. Il ajoute: «Je suis Canadien. Je crois en la défense de mon pays. Les détails m'importent peu.» Notons que les adversaires du Québec racontent l'histoire du *love-in* comme s'ils l'avaient apprise par cœur: pour Sheila Copps, c'était spontané, Brian Tobin a utilisé la même expression que John Rae, «combustion spontanée», et James Blanchard, ambassadeur des États-Unis au Canada en 1995, prétend que ce jour-là «les Canadiens ordinaires ont sauvé le pays».

Ce n'est certainement pas de cette façon qu'un Terre-Neuvien qui a fait le trajet de Terre-Neuve à Montréal ce 27 octobre 1995 l'a perçu. Daniel Martineau, de Corner Brook, à Terre-Neuve, ville située dans la circonscription représentée en 1995 par Brian Tobin, est né au Québec mais habite Terre-Neuve, depuis les années 1970, où il est entrepreneur en construction. Il s'est marié avec une Terre-Neuvienne et y a élevé ses enfants, maintenant adultes. Il raconte que c'est son épouse qui a vu, à la télévision, Brian Tobin inviter tout le monde à aller manifester à Montréal. Puisque Daniel Martineau avait encore des membres de sa parenté au Québec, dont plusieurs qui travaillaient pour le OUI, il se sentait tiraillé par la question et a décidé d'y aller. Mais il n'y avait plus de places sur les vols gratuits et les billets à rabais offerts par Air Canada étaient tous vendus. Il a donc pris un billet plein prix sur un vol commercial régulier. Sur ce vol régulier, il n'y avait que quelques personnes qui allaient à la manifestation. Tous les autres étaient des hommes d'affaires[92].

«Pendant le débat référendaire, j'essayais d'expliquer la position du Québec aux gens autour de moi, rappelle Daniel Martineau. Vous savez, si vous êtes français comme les Acadiens et que vous habitez sur la "French Coast" de Terre-Neuve (côte ouest), vous êtes un nègre blanc. Les Benoît sont devenus des Bennett, les Le Blanc sont des White. De l'autre côté, nous, on croyait un peu à la vision de Trudeau; ma femme et moi avons élevé nos enfants pour qu'ils parlent le français, et nous ne voulions pas que le Québec se sépare. [...]

---

92. Entrevue avec Daniel Martineau, 15 juin 2005.

Mais la manifestation était une tentative d'influencer le vote. C'est comme quand les États-Unis essaient d'influencer le vote sur les droits des gais ici. Donc, en partant de Montréal, je me suis excusé auprès de ma tante et je lui ai dit "je ne me suis pas mêlé de mes affaires". »

Interrogé pour savoir s'il était au courant que c'était illégal de noliser des avions et d'offrir des billets à rabais, Daniel Martineau répond : « On n'avait aucune idée que c'était illégal à ce moment-là, seulement après. Pour que ce ne soit pas illégal, il aurait fallu que tout le monde paie le plein prix de leur billet, comme je l'ai fait. En tout cas, ça aurait réduit la taille de la manifestation, c'est certain ! Parce que ça m'a coûté très cher. »

Un proverbe africain dit : « Tant que les lions n'auront pas leurs propres historiens, l'histoire de la chasse chantera toujours la gloire du chasseur. » Donc, répétons en chœur : une manifestation d'amour spontanée comme à Woodstock en 1969 ! Or d'amour, il n'en était rien, de spontanéité, la marche en avait autant qu'un défilé militaire d'une puissance occupante (l'ancien mandarin libéral Benoît Corbeil a décrit comment les dirigeants du Parti libéral du Canada étaient perchés en haut du Château Champlain surveillant le tout avec leurs jumelles, comme dans une campagne militaire). Et de Woodstock, s'il vous plaît, n'insultez pas notre intelligence ni ne ternissez le souvenir de l'année de l'amour 1969 !

***

Une chose est claire : le *love-in* du 27 octobre 1995 n'a pas été organisé par le Comité du NON du Québec mais par le Canada, l'appareil gouvernemental et une armée de personnes affiliées au Parti libéral du Canada. À cet effet, le Comité du NON, dirigé par Daniel Johnson, a soigneusement évité, dans la comptabilisation de ses dépenses référendaires, de prendre à son compte les millions de dollars dépensés pour faire venir les manifestants. Sur ce point, Pierre-F. Côté félicite le camp du NON : « C'était remarquable. Le Comité du NON a bien joué le jeu. [...] Moi, je n'avais aucune prise sur Daniel Johnson.

La seule dépense qui était rapportée, c'était la location des micros, des haut-parleurs et de la scène. Mais en ce qui concerne les dépenses elles-mêmes, ils ont été très prudents. Ils ont très bien protégé leurs alliés. [...] On n'a pas entendu beaucoup de protestation de leur part[93].»

Pourtant, avant et pendant la marche, le courant ne passait pas du tout entre le Comité du NON officiel, dirigé par les Daniel Johnson, Liza Frulla, John Parisella et autres, et les Canadiens du Parti libéral du Canada venus leur prêter main-forte sans invitation. Le moins qu'on puisse dire, c'est que l'amour n'était pas au rendez-vous lors du *love-in*.

Sheila Copps s'en prend vertement à ces «petits génies provinciaux» – les Frulla, Johnson et Parisella, on suppose – qui dirigeaient la campagne du NON.

«Ils ne voulaient rien savoir de nous qui venions de l'extérieur du Québec. On n'était tout simplement pas les bienvenus, alors que moi, j'étais vice-première ministre du Canada. Vers 10 h 30, le matin du rallye, Brian Tobin et moi devions chauffer la foule qui se présentait déjà sur la place du Canada. Mais le Comité du NON a débranché les micros pour nous empêcher de parler. Toute leur opération ne valait rien. Le problème, c'est qu'avec toutes les tensions interfamiliales ces gens-là ne voulaient pas gagner fort[94].» Elle revient ainsi à l'idée chère à Claude Garcia, «d'écraser» les souverainistes. «Les gens du Comité du NON du Québec fonctionnaient comme s'ils avaient déjà un pays séparé, poursuit Sheila Copps. Ils ne nous laissaient pas parler, alors que c'est nous qui avions organisé la manifestation.»

Selon le journaliste Lawrence Martin, Brian Tobin avait appelé tout le monde pour organiser la manifestation sauf... Daniel Johnson, chef du Comité des Québécoises et des Québécois pour le NON. De plus, il cite la coprésidente du Comité pour le NON, Liza Frulla, qui aurait déclaré que c'était «la guerre» entre les fédéralistes québécois et les hommes de Jean Chrétien[95].

John Parisella, qui était membre du Comité restreint du NON et chef de cabinet de Daniel Johnson, confirme que,

---

93. Entrevue avec Pierre-F. Côté, 24 août 2004.

94. Entrevue avec Sheila Copps, Ottawa, 15 février 2005.

95. Lawrence Martin, *Iron Man, op.cit.*, p.122-128.

autant sur les détails que sur le fond des choses, l'animosité entre les dirigeants québécois du NON et les représentants du Canada était forte. «Le problème avec les libéraux fédéraux, c'est qu'ils traitent les libéraux du Québec comme des petits frères. [...] La défaite de l'entente du lac Meech, le refus du gouvernement libéral fédéral de signer un accord sur la main-d'œuvre avec le gouvernement de Daniel Johnson, tout ça faisait en sorte que nous, les fédéralistes du Québec, nous étions comme un boxeur qui se lance dans le combat avec un seul bras, parce que Ottawa avait attaché l'autre dans le dos. Nous ne pouvions pas boxer avec Lucien Bouchard. Nous n'avions rien à offrir aux Québécois.»

Résumons. Le 27 octobre 1995, le gouvernement du Canada, le Parti libéral du Canada et le «Corporate Canada» passent par-dessus la tête des dirigeants du Comité québécois pour le NON, violent l'esprit et la lettre de la Loi sur la consultation populaire et le droit international des peuples de disposer d'eux-mêmes, mobilisent leurs «troupes» de partout au Canada qui brandissent haut et fort des milliers de drapeaux canadiens, les font parader et s'installer en plein cœur de la métropole québécoise, hurlent et haranguent la foule et le peuple québécois dans son ensemble. Dans tout autre pays, ce serait une occupation, mais au Canada on appelle ça un *love-in*. («Mal nommer les choses ajoute au malheur du monde», avait si bien dit Camus.) Et tous sont d'avis que cet événement a peut-être fait pencher la balance en faveur du NON trois jours plus tard.

«C'est presque les *Invasions barbares*», dit Pierre-F. Côté, qui avoue sa surprise de voir l'ampleur de la marche. «C'est arrivé comme un coup de masse pour tout le monde[96].» Il explique que, avant la tenue de la marche, il avait bien avisé tout le monde qu'il fallait respecter les dispositions de la loi sur les dépenses référendaires et que des enquêteurs de la direction générale des élections étaient sur place ce vendredi 27 octobre et qu'ils notaient les numéros des plaques d'immatriculation. Après le référendum, le DGE a intenté une vingtaine de poursuites, qui ont été abandonnées à la suite d'une décision de la Cour suprême.

---

96. Entrevue avec Pierre-F. Côté, 24 août 2004.

DEUXIÈME PARTIE

10

DE LA SUPRÉMATIE DES SUPRÊMES

Décidément, on est en train de faire dire n'importe
quoi à la Charte des droits, *juges en tête et*
parlements « suiveux ».
JACQUES GRAND'MAISON
Questions interdites sur le Québec contemporain

Chien qui aboie ne mord pas !

Les dirigeants politiques canadiens ont dû penser à ce proverbe en entendant la réaction de certains leaders souverainistes québécois lorsque, le 9 octobre 1997, la Cour suprême du Canada a invalidé des pans entiers de la Loi sur la consultation populaire. Le premier ministre du Québec Lucien Bouchard a juré sur la tête de René Lévesque que le Québec ne se laisserait pas faire, que ce joyau démocratique ainsi que la souveraineté du Québec et de son Parlement dans ce domaine tenaient à cœur tous les Québécois, et que, en leur nom, il envisageait sérieusement d'utiliser la clause dérogatoire, dite « nonobstant », prévue dans la Constitution canadienne. Il protégerait ainsi cette formidable institution démocratique que le gouvernement du Canada et beaucoup de Canadiens, surtout affiliés au Parti libéral du Canada, avaient si allègrement bafouée en octobre 1995. D'autres ministres, dont Jacques Brassard, Guy Chevrette et Bernard Landry, ont tonné en chœur avec Lucien Bouchard, disant que le Québec ne « se mettrait pas à plat ventre devant une Cour suprême dont les juges ne sont nommés que par allégeance politique ».

Il n'en fut rien! Que du bruit! Les poursuites ont aussitôt été abandonnées par le DGE, et les coupables, parce qu'il y en a eu, sont partis, applaudissant, plus fiers que jamais de leurs coups, jurant qu'ils feraient encore exactement la même chose et vantant leur Canada chéri. Pour sa part, la ministre canadienne de la Justice Anne McLellan profita de la décision de la Cour suprême pour rappeler à l'ordre le bouillant premier ministre Bouchard: «Vous ne pouvez pas avoir le beurre et l'argent du beurre, vous servir de la Cour suprême une journée et la renier le lendemain[97].» C'est la morale de ceux qui ont le pouvoir. Par ailleurs, tous les adversaires de la souveraineté rencontrés ont confirmé qu'ils feraient exactement la même chose, d'autant plus qu'ils avaient la loi C-20, dite Loi sur la clarté, pour les légitimer.

La décision suprême de 1997, qui se rapportait non pas au référendum de 1995 mais à celui de 1992 sur l'Accord de Charlottetown, se lit comme le discours d'un politicien qui doit amadouer le peuple avant de lui annoncer une mauvaise nouvelle ou encore d'un parent qui veut ménager son ado avant de le consigner à la maison. Tout en y allant de références élogieuses au père de cette loi, l'ancien député et ministre Robert Burns, de quelques fleurs du genre «à notre avis, l'objectif de la loi référendaire québécoise est fort louable», et en reconnaissant «la nécessité d'empêcher une distribution inégale des ressources financières entre les options qui saperait l'équité du processus référendaire», les Suprêmes ont rayé d'un seul coup presque tous les articles sur les dépenses réglementées. Seule consolation, la Cour suprême reconnaît la légitimité de la loi en ce qui concerne les deux camps, le OUI et le NON, à qui des limites de dépenses sont imposées.

«Ma première réaction au jugement était d'utiliser la clause nonobstant, dit Pierre-F. Côté. Mais personne ne voulait l'utiliser parce que ça présente tellement de problèmes, d'inconvénients[98].» Personne ne voulait l'utiliser, dit-il? Mais, voyons! Tous en ont brandi la menace, crié leur indignation, froncé les sourcils, en reprenant la boutade de Duplessis sur les penchants de la tour de

---

97. «Supreme Court strikes blow to Quebec referendum law», *Ottawa Citizen*, 10 octobre 1997.

98. Entrevue avec Pierre-F. Côté, 24 août 2004.

Pise et de la Cour suprême. Évidemment, ça c'était pour la galerie, le bon peuple, pas pour les adversaires canadiens, qui n'en croyaient rien.

Nous, les souverainistes, sommes engagés dans un nouveau cycle politique. Outre la vacuité de notre réaction à cette décision, nous sommes vivement interpellés par la décision de 1997 elle-même, tout comme nous le sommes par le comportement que le Canada a eu en 1995 face à la loi québécoise sur la consultation populaire[99].

Tenons-nous vraiment à notre droit de disposer de nous-mêmes? Tenons-nous au droit du Québec de décider librement de son avenir, sans ingérence de l'extérieur? Tenons-nous à déterminer les règles qui régiront la prise de cette décision? René Lévesque avait-il raison de déclarer le 11 juin 1980: «Ce droit de contrôler soi-même son destin national est le droit le plus fondamental que possède la collectivité québécoise»? Le Québec est-il et sera-t-il vraiment toujours libre et maître de son destin, comme le disait Robert Bourassa le 22 juin 1990 après le rejet de l'Accord du lac Meech?

Oui, disons-nous? Eh bien, il n'y a pas trente-six décisions à prendre! Le Québec doit se soustraire systématiquement et fermement à l'application de la Constitution canadienne de 1982. Le Québec doit le faire positivement, au nom du droit international, au nom des droits de la personne et au nom de la souveraineté du peuple et de son Parlement, l'Assemblée nationale du Québec. Il doit le faire au nom des grandes chartes internationales dont le Pacte international relatif aux droits civils et politiques, adopté par l'ONU en 1966, qui dans son article premier stipule: «Tous les peuples ont le droit de disposer d'eux-mêmes.» Pacte dont le Canada est signataire. Nous soustraire à la Charte canadienne des droits et libertés sera notre «charte des droits du peuple québécois»!

---

99. Une vingtaine de poursuites ont été abandonnées à la suite de la décision de la Cour suprême. Parmi celles-ci, mentionnons celle contre M. Celso Boscariol, militant du Parti libéral du Canada de Vancouver, qui a loué un avion d'Air Canada pour la somme de 161 000 $, le 27 octobre 1995, en vue de transporter des manifestants de Vancouver à Montréal, et celle contre M. Ken Sinclair, autre militant du Parti libéral qui a loué des autobus à Ottawa pour un montant total de 50 000 $. Source: Constats d'infraction obtenus du DGE.

Le vocabulaire canadien par lequel le Québec peut se soustraire à la Constitution canadienne est rébarbatif, péjoratif, repoussant. Clause dérogatoire, dite «nonobstant» – qui comprend ce vocabulaire? Et qui veut restreindre des droits? En revanche, l'acte de se soustraire à cette constitution imposée serait noble, édifiant, une affirmation éclatante des droits et du pouvoir des Québécois et des Québécoises de décider individuellement et collectivement de leur avenir; il serait l'annonce que sous peu le Québec sera indépendant. Et l'acte ne passerait pas inaperçu, ni au Québec ni sur la scène internationale.

«Nous n'avons jamais signé la Constitution de 1982, rappelle Jacques Parizeau en entrevue 10 ans après le référendum. Ottawa nous a dit "Oh! ce n'est pas grave!" et nous avons répondu "Non, ce n'est pas grave". Si on n'a pas signé la Constitution de 1982, il me semble qu'il y a des choses qui doivent en découler[100].»

Non seulement le Québec ne l'a pas signée, mais, pendant les quatre premières années, de 1982 à 1986, toutes les lois du Québec ont été systématiquement soustraites à l'application de la Constitution de 1982. Le gouvernement de René Lévesque, en guise de protestation contre le coup de force de 1982, a utilisé la clause dérogatoire dans toute la législation adoptée après 1982. Ce n'est qu'en mars 1986, avec le retour de Robert Bourassa, que le gouvernement du Québec a cessé d'utiliser la clause dérogatoire ou «nonobstant» prévue à l'article 33 de la Constitution canadienne.

Robert Bourassa a dû beaucoup regretter cette décision, prise au lendemain de son élection avec à l'esprit l'idée d'en arriver à une illusoire «réconciliation nationale» par l'intermédiaire d'une nouvelle entente constitutionnelle. En cessant de soustraire systématiquement le Québec à la Constitution de 1982 et surtout à sa pièce maîtresse, la Charte canadienne des droits et libertés parrainée par Pierre Elliott Trudeau, Robert Bourassa s'est rendu vulnérable, de sorte que, deux ans plus tard, en 1988, lorsque la Cour suprême a invalidé une autre loi du Québec, pas une loi comme les autres, mais la Charte de la langue française (officieusement appelée loi 101), sûrement la plus populaire du Québec moderne, le premier ministre du Québec, mis à nu et

---

100. Entrevue avec Jacques Parizeau, 12 janvier 2005.

pathétique, était devenu une cible facile, le repoussoir de la colère et, disons-le franchement, de la haine canadienne. Son petit «nonobstant» de 1988, utilisé craintivement comme le bistouri dans la main d'un apprenti chirurgien, a sonné le glas de ce qui aurait été, pour lui, l'une des grandes réalisations de sa carrière, l'accord constitutionnel du lac Meech. Bref, en laissant tomber la garde que représentait la dérogation systématique à la Constitution canadienne, il a isolé la langue française, véritable paratonnerre de la politique canadienne, de l'ensemble des composantes de la nation québécoise. La morale de cette histoire? Les petits gestes provoquent la colère et le mépris, alors que les grands gestes attirent le respect.

Affirmer systématiquement notre rejet de la Constitution de 1982, comme nous le proposons, serait un premier pas pour réparer les torts faits par le Canada lors du référendum de 1995 et nous en protéger pour la prochaine fois. Cela nous permettrait, si nous le voulons, de procéder aux aménagements linguistiques qui nous semblent bons – même Lucien Bouchard pourra se regarder dans le miroir. Mais surtout, cela nous permettrait de refuser, devant le monde entier, la nouvelle domination coloniale imposée au Québec par le coup de force de 1982, domination que les décisions de la Cour suprême sur la Charte de la langue française, sur la Loi sur la consultation populaire et, plus récemment, sur la privatisation de l'assurance médicale (décision Chaoulli) sont venues illustrer et renforcer.

Domination coloniale? Absolument. Domination que la machine de propagande canadienne, nourrie par le discours endormant et si peu éclairant de la charte des droits que neuf êtres suprêmes sont appelés à interpréter, a réussi à effacer de notre mémoire des événements qui ont abouti au coup de force de 1982. Un bref rappel s'impose.

Au lendemain du référendum québécois du 20 mai 1980, la très regrettée poète Marie Uguay a écrit dans son journal: «Désormais il faut s'attendre au matraquage en règle. Les forces réactionnaires vont s'efforcer d'éliminer René Lévesque, sous prétexte qu'il ne peut négocier une nouvelle constitution avec le Canada étant donné qu'il n'y croit pas. Nous nous attendons à une vaste offensive, une rhétorique subtile et démagogique pour éliminer Lévesque et, par le fait même, toutes tendances progressistes, généreuses. C'est une défaite de l'intelligence au profit de la ruse[101].» Marie Uguay est morte le 26 octobre 1981, quelques jours avant que la vaste offensive qu'elle avait prévue ne soit consommée lors de la nuit des longs couteaux du 5 novembre 1981 donnant lieu à la Constitution de 1982.

Cette Constitution est venue bouleverser l'ordre canadien, pas seulement l'ordre québécois. Dans tous les pays du monde qui se disent démocratiques, un tel bouleversement constitutionnel passerait nécessairement par un référendum. Depuis la création du Marché commun européen, par exemple, il y a eu plusieurs référendums nationaux en Europe, référendums qui avaient lieu à chaque étape du processus. Les grands pays favorables à l'Union européenne avaient été tenus en haleine jusqu'à l'obtention des résultats provenant du petit Danemark en 1992 ou de l'Irlande. Toutes les classes politiques de l'Europe sont obligées d'avoir l'approbation du peuple pour les décisions qu'ils prennent. En 2005, des référendums ont donné des résultats marquants, notamment en France et aux Pays-Bas. Même le Royaume-Uni, si allergique à la démocratie directe, en a tenu. Mais au Canada, aucun référendum sur le bouleversement profond de 1982 n'a été tenu. Au point de vue constitutionnel, comparé aux pays européens, le Canada est la risée du monde, le Québec aussi, par la force des choses, tant qu'il ne s'en sortira pas. Même l'ancien juge en chef de la Cour suprême, Antonio Lamer, a dit que le « bouleversement » constitutionnel de 1982 aurait dû faire l'objet d'une vaste consultation de la population, voire d'un référendum[102].

Sans parler du rejet quasi unanime au Québec de la Constitution de 1982, des voix nombreuses à gauche comme à droite se sont élevées au Canada pour dénoncer les effets pervers de la Constitution de 1982 et surtout de la charte des droits sur la politique et la démocratie au Canada[103]. La critique porte

---

101. Marie Uguay, *Journal*, Montréal, Boréal, 2005, p. 233, entrée du 21 mai 1980.

102. *Le Devoir*, 11 janvier 2000, p. A1.

103. Parmi les critiques, signalons: Michael Mandel, *La Charte des droits et libertés et la judiciarisation du politique au Canada*, Montréal, Boréal, 1996 ; Robert Ivan Martin, *The Most Dangerous Branch : How the Supreme Court of Canada Has Undermined Our Law and Our Democracy*, Montréal, McGill-Queen's University Press, 2003 ; Gordon Gibson, « Stop! In the name of love (for Canada), Politicians need a way to tell the Supremes they've gone too far », *The Globe and Mail*, 2 février 2005.

principalement sur le transfert du pouvoir politique vers des juges qui n'ont à justifier leurs décisions devant personne, et la déresponsabilisation des élus qui, eux, ont le devoir de répondre à la population. Alors que, dans une démocratie, il revient au peuple et à ses représentants élus de trancher les grands débats, de prendre les grandes décisions, au Canada, depuis 1982, tout ça revient à une poignée de personnes, issues de classes sociales aisées et d'une seule profession, triées sur le volet par le premier ministre du Canada, très souvent pour des raisons politiques. De plus, ces personnes bénéficient d'une sécurité d'emploi à vie!

Par ailleurs, celui dont la critique de la Charte canadienne des droits et libertés et de sa genèse est la plus lucide et la plus forte, le professeur de droit Michael Mandel, ridiculise l'idée selon laquelle les droits de la Charte jouiraient d'une existence autonome en dehors des interprétations plus ou moins libres que peuvent en donner les juges[104]. C'est un peu comme la Bible, document qui, depuis qu'il existe, aura servi à toutes les causes ainsi qu'à leur contraire: pour l'esclavage et contre l'esclavage, pour la guerre et contre la guerre, tout dépend de celui ou celle qui l'interprète.

Le bouleversement constitutionnel de 1982 a eu un énorme impact sur la population, s'apparentant à celui de la mondialisation des marchés: le pouvoir décisionnel n'est plus accessible, la population sent qu'elle n'a plus prise sur les grandes questions politiques, le sentiment d'impuissance prend le dessus et la politique ne représente plus, pour beaucoup, la meilleure façon de changer le monde. Ce sentiment d'impuissance provient directement de la stratégie lancée par le gouvernement Trudeau ou, plus exactement, décrétée par lui, selon laquelle «les Canadiens préfèrent que leurs droits soient défendus par des juges plutôt que par des politiciens[105]». Est-ce donc surprenant que le taux de participation aux élections baisse à chaque rendez-vous électoral? Toutefois, contrairement à la mondialisation où le discours se précise sur les effets économiques, sociaux et culturels néfastes, le bouleversement constitutionnel

---

104. Michael Mandel, *op. cit.*, p. 137.

105. Michael Mandel, *The Charter of Rights and the Legalization of Politics*, Toronto, Wall and Thompson, 1989, p. 48.

de 1982 et sa Charte jouissent encore d'une trop bonne presse, même au Québec.

Pourquoi le Canada, issu de la tradition britannique caractérisée par la suprématie du Parlement, a-t-il chambardé son ordre constitutionnel en consacrant, en 1982, la suprématie des juges? La réponse est simple : c'était comme ça que le Canada pouvait mettre le Québec dans une nouvelle camisole de force juridique. C'est la conclusion de Michael Mandel. Quiconque lit, ou relit, le livre de Michael Mandel, surtout à la lumière des décisions sur la Loi sur la consultation populaire, la Charte de la langue française et la cause Chaoulli sur l'assurance médicale privée, comprendra l'urgence pour le Québec de se soustraire systématiquement à la Constitution de 1982. Mandel dit même que nous avons besoin d'une charte pour nous protéger contre la charte canadienne! (Notons que l'astuce de la Cour suprême consistant à invoquer la Charte des droits et libertés de la personne du Québec n'est pas nouvelle et ne peut nous tromper : la pratique vient tout droit de la Constitution de 1982.)

Le professeur Mandel démontre comment la charte des droits de Pierre Elliott Trudeau n'était que l'aboutissement de sa longue cabale visant à contenir et à étrangler le mouvement de *nation-building* québécois. Il démontre aussi à quel point les juges de la Cour suprême, comme ceux des autres instances nommés par le premier ministre – c'est-à-dire, la Cour supérieure, la Cour d'appel, la Cour fédérale et la Cour d'appel fédérale –, mangeaient littéralement dans sa main ou dans celle de ses successeurs, s'ajustant aux humeurs politiques du moment. Les déclarations de Michel Robert, juge en chef du Québec, sur les opinions politiques des juges ne font que confirmer ce que Michael Mandel a écrit en 1987.

À titre d'exemple, pour réduire l'impact politique négatif au Québec, la Cour suprême a, à quelques reprises, manigancé pour rendre publiques la même journée des décisions sur la langue qui touchaient d'une part, le Québec et, d'autre part, le Manitoba. Essentiellement, dans les décisions de 1979 sur la langue de la législation et de la justice, note Mandel, la décision sur le Manitoba n'a pu être appliquée que quatre-vingt-dix ans après que cette province a interdit l'utilisation du français, alors que la décision sur le Québec n'a, en réalité, pris que cinq mois. Ceci fait dire à Mandel que « la différence en dit long sur la relation entre la loi et le pouvoir ».

Le « spécial du deux pour un » de la Cour suprême revient en 1986. En effet, la Cour suprême, qui avait entre-temps fait des pirouettes pour, à la fois, invalider et ensuite valider toutes les lois du Manitoba rédigées en anglais seulement, rend publiques deux décisions linguistiques la même journée (*Bilodeau* pour le Manitoba et *MacDonald* pour le Québec, toutes deux pour des histoires de contraventions unilingues). Exceptionnellement, la décision de la Cour suprême a été moins draconienne pour le Québec : elle a fait la part des choses, reconnaissant un certain « compromis historique des peuples fondateurs » que les juges devaient respecter. Est-ce que cette décision était un changement en profondeur de la Cour suprême ou simplement la preuve que les juges aussi flairaient l'affaiblissement politique du Québec ?

Il s'agit du flair politique des juges, insiste Mandel. Robert Bourassa a pris le pouvoir au Québec à la fin de 1985. En mars 1986, il a annoncé que son gouvernement se soumettrait à la Charte canadienne des droits et libertés de la Constitution de 1982 et, en 1985, il avait basé sa campagne sur une promesse d'amender la Charte de la langue française (loi 101) pour faire plus de place à l'anglais au Québec. Les juges ont bien saisi la situation : tant que les politiciens québécois allaient dans la bonne direction déterminée par le gouvernement du Canada, ils n'avaient pas besoin d'intervenir avec leurs gros sabots.

Ce qui ressort le plus d'une relecture de l'opération « charte des droits » de Pierre Trudeau, c'est que le document est rédigé dans un seul but : subordonner des lois adoptées par l'Assemblée nationale du Québec selon ses compétences constitutionnelles au Parlement canadien. Alors que la grande majorité des articles de la Charte se lisent comme la plupart des grands pactes ou documents constitutionnels avec leurs principes édifiants et leurs vœux pieux, la clause sur la langue d'instruction ressemble davantage à une loi sur la fiscalité, taillée sur mesure pour protéger certains intérêts, qu'à un document constitutionnel, note le professeur de droit Michael Mandel.

En somme, l'éducation était de compétence entièrement québécoise selon la Constitution de 1867. Elle était donc hors de portée d'Ottawa. Ni le Parlement canadien ni le premier ministre du Canada ne pouvait faire quoi que ce soit pour contrer la législation du Québec en la matière. Il fallait donc inventer de nouvelles armes. Le gouvernement du Canada, Trudeau en tête, a choisi comme arme la Charte canadienne des droits et libertés. Habilement nommée ? Sans aucun doute. Mais aussi fourbe et euphémique qu'une « bombe intelligente ». Et cette arme, que l'Assemblée nationale du Québec a rejetée à la quasi-unanimité en 1982, qu'elle a rejetée à l'unanimité le 17 avril 2002 lors du 20ᵉ anniversaire, est venue amender arbitrairement une loi, la Charte de la langue française, adoptée par l'Assemblée nationale du Québec. Encore une fois, il s'agit d'un geste à caractère impérial posé pour mieux contrôler la colonie.

Pour résumer la conclusion de Mandel : ce que les minorités francophones canadiennes ont peut-être gagné à la suite de l'imposition de la Constitution et de sa charte des droits en 1982 ne se compare en rien à ce que le Canada a obtenu en termes de mainmise sur le Québec, et non pas seulement en matière de langue et d'éducation. L'invalidation en 1997 de la Loi sur la consultation populaire en est un exemple éclatant.

Le coup de force de 1982 s'estompe peut-être dans notre mémoire collective. Cela ne le rend pas pour autant moins grave, moins menaçant et moins représentatif de la domination coloniale du Québec par le Canada.

Le but de cette parenthèse sur 1982 dans un livre sur le référendum de 1995 est de montrer qu'il serait historiquement légitime, bien fondé en droit et politiquement intelligent pour le Québec, comme premier pas vers sa souveraineté, de systématiquement se soustraire à l'application de la Constitution canadienne de 1982. Ce serait notre charte contre la Charte, notre façon d'affirmer notre droit à l'autodétermination, notre façon de préserver la Loi sur la consultation populaire comme nous la voulons, avec ou sans les modifications imposées par la Cour suprême. Notons que même certains États américains adoptent des lois et des résolutions pour protéger leur intégrité contre les incursions de l'administration fédérale de Washington. À titre d'exemple, cinq États, le Vermont, le Maine, Hawaii, l'Alaska et le Montana, ont décidé de ne pas appliquer le « *Patriot Act* » sur leur territoire.

En même temps que le Québec se soustrairait à la Constitution canadienne de 1982, il pourrait continuer à utiliser sur le plan international la conclusion de la Cour suprême du Canada qui reconnaît la légitimité de la partie de notre Loi sur la consultation populaire, laquelle prévoit un camp du OUI, un camp du NON et des limites de dépenses imposées à chaque camp. Si le Canada viole cet aspect de notre loi lors du prochain référendum, il ira à l'encontre d'une décision de sa plus haute cour.

Les moyens sont là pour protéger nos droits la prochaine fois. Saurons-nous les utiliser?

11

UN SIMPLE MÉNAGE À QUATRE EN AMÉRIQUE DU NORD

*C'est nous en définitive qui donnons à l'autre
le pouvoir qu'il exerce sur nous.* – DANY LAFERRIÈRE

C'est toujours surprenant de voir avec quelle facilité les nationalistes canadiens se tournent vers Washington dans leur combat contre l'indépendance du Québec. Antiaméricains primaires un jour, ils se mettent à genoux devant leur puissant voisin le lendemain aussitôt qu'il est question du Québec. Cette gênante génuflexion devant l'autorité de Washington n'est égalée que par les efforts déployés pour la banaliser et banaliser l'ingérence du pays duquel ils prétendent vouloir se distinguer.

Entre février 1995 et la tenue du référendum, d'importantes autorités américaines en poste, dont le président Clinton, sont intervenues dans le débat sur l'avenir du Québec à au moins cinq reprises, sans compter deux séances de photo du premier ministre canadien et du président américain mises en scène surtout pour influencer le vote au Québec. Chaque fois, le contenu et les détails des interventions ont fait l'objet de consultations et de coordination par le bureau du premier ministre du Canada ainsi que par des membres de son Conseil des ministres, et toujours avec l'aide de l'ambassadeur américain à Ottawa, James Blanchard, qui, pendant le référendum, s'est transformé en une sorte de proconsul du Canada à Washington, jumelé à un missionnaire de l'unité canadienne.

Tout le monde semble s'entendre, du moins chez les partisans du NON, sur le fait que l'intervention américaine a été l'un des éléments déterminants lors du vote du 30 octobre.

«Le lundi 23 octobre 1995, nous étions en difficulté, vraiment en difficulté, dit John Parisella, stratège du Comité du NON et chef de cabinet pendant de nombreuses années de l'ancien premier ministre Robert Bourassa. Dans la dernière semaine, il y a eu deux événements majeurs : l'intervention du président Clinton le mardi 24 octobre et la marche pour l'unité le vendredi 27 octobre. Avec un taux de participation frôlant les 94 %, il y avait des gens qui, normalement ne votaient pas. Ces gens-là ne répondent pas nécessairement aux appels de la classe politique, c'est beaucoup plus profond que ça. Devant l'urne, ces gens se disaient : "Je ne pense pas que ça va bien aller. Ce gars du Sud (*the big guy*) [Clinton] ne pense pas que ça va bien aller. Et lui, c'est l'éléphant au sud !" Ce type de raisonnement va bien plus loin que la pensée politique sophistiquée, et c'est ce qui a fait pencher la balance dans la dernière semaine, ça et la marche de l'unité, le "*love-in*"[106].»

John Parisella n'est pas le seul à penser ainsi. John Honderich, qui dirigeait le quotidien *The Toronto Star* en 1995 et qui soutenait l'intervention du président américain, dit : «J'ai toujours su que les Québécois avaient une fascination et du respect pour les États-Unis.» Le journaliste Lawrence Martin, dans sa biographie de Jean Chrétien, *The Iron Man*, accrédite également l'idée voulant que l'intervention de Clinton ait été un élément déterminant. Même son de cloche pour l'ambassadeur américain James Blanchard. «Oui, je pense qu'elle [l'intervention du président Clinton] a pu influencer le résultat un peu. [...] Les fédéralistes ont beaucoup aimé la position américaine ; il n'y a pas de doute[107].»

En revanche, Jacques Parizeau pense que l'intervention de Bill Clinton n'a eu «à peu près pas d'influence sur le vote. On avait tellement fait état des interventions de l'ambassadeur Blanchard, qui étaient beaucoup plus agressives. Lorsque la déclaration de Clinton est sortie, on avait un peu tendance à dire : "C'est tout ?" On s'attendait à bien pire[108].»

---

106. Entrevue avec John Parisella, 21 décembre 2004.

107. Entrevue avec James Blanchard, 28 janvier 2005.

Que les interventions américaines aient influencé ou non le résultat, la façon dont elles ont été sollicitées et réalisées ainsi que leur contenu même méritent un second regard, pas seulement pour en savoir davantage sur les motivations des États-Unis, mais surtout pour mieux connaître le Canada et les motivations de ses dirigeants politiques.

Voici la liste des interventions officielles : le 24 février 1995, visite d'État du président Clinton à Ottawa et discours à la Chambre des communes ; le 18 octobre 1995, déclaration du secrétaire d'État Warren Christopher en compagnie du ministre canadien des Affaires extérieures, André Ouellet ; le mardi 24 octobre, en point de presse Mike McCurry, porte-parole de la Maison-Blanche ; le mardi 24 octobre, le président Clinton en point de presse aussi ; le 30 octobre, Mike McCurry, porte-parole de la Maison-Blanche, dans un autre point de presse. À ces interventions officielles, il faut ajouter notamment la déclaration de l'ancien président George Bush père faite à la demande de l'ancien premier ministre du Canada, Brian Mulroney, aux alentours du 8 octobre et, bien sûr, le travail à temps plein pour le NON de l'ubiquiste ambassadeur Blanchard qui reconnaît avoir été beaucoup plus actif que ses prédécesseurs.

Signalons aussi la publication on ne peut plus opportune, le 5 octobre 1995, d'un document portant sur les implications de l'indépendance du Québec sur la politique commerciale des États-Unis, écrit par Charles E. Roh pour le compte du Center for Strategic and International Studies Americas Program de Washington et du Centre for Trade Policy and Law, de l'Université Carleton, à Ottawa[109]. Ce document, dont l'ambassadeur Blanchard s'est fait le champion auprès du gouvernement Chrétien, a l'apparence d'une étude sérieuse sur les divers accords commerciaux entre le Canada et les États-Unis. Il n'en est rien ! Une fois qu'on a déchiffré le vocabulaire opaque et les références érudites, on y perçoit une série de menaces économiques et politiques dirigées contre le Québec que le Canada, par sa

---

108. Entrevue avec Jacques Parizeau, 12 janvier 2005.

109. Charles E. Roh. Jr., *The Implications for U.S. Trade Policy of an Independent Quebec*, Decision Quebec Series, CSIS, Washington, D.C., Centre for Trade Policy and Law, Ottawa, 5 octobre 1995.

décision ou non de s'entendre avec le Québec, pensait avoir le pouvoir de mettre à exécution. Par contre, il n'est aucunement question des effets commerciaux néfastes sur le Canada advenant son éventuel refus de s'entendre avec le Québec après un vote favorable à l'indépendance. Le document est signé par un Américain, mais il a été commandé et payé par une fondation canadienne, soit la Fondation canadienne Donner (FCD) de Toronto. Le jeu est simple et évident : certains Canadiens ont voulu donner l'illusion qu'ils avaient le pouvoir de menacer le Québec sur le plan économique, en brandissant le pouvoir des États-Unis. C'est l'histoire de la souris canadienne qui manipulerait à sa guise l'éléphant américain.

Cette pratique de faire jouer la puissance de l'Empire, d'abord britannique et ensuite américain, pour atteindre l'objectif du petit empire canadien ne date pas d'hier. On a vu de quelle façon Ottawa a fait appel à l'Empire britannique dont il est issu pour faire élargir ses frontières jusqu'au Pacifique et jusqu'à l'Arctique entre 1867 et 1875 sans jamais consulter les personnes concernées. On l'a vu de nouveau lors de l'annexion de Terre-Neuve en 1949. En ce qui concerne la volonté de faire peser tout le poids de l'Empire américain, rappelons le discours de Pierre Elliott Trudeau devant le Congrès américain, à l'occasion du *Washington Day*, le 22 février 1977, quelques mois à peine après l'élection du Parti québécois, dans lequel il a dit que la souveraineté du Québec constituerait un « crime contre l'humanité ».

Un mot sur les États-Unis. Ce pays forme un empire, et un empire n'a pas de sensibilité, il n'a que des intérêts. Toute aide, toute intervention, toute action, tout vote, tout bon mot est calculé et comptabilisé. Pour un empire, le geste altruiste, désintéressé, n'existe tout simplement pas, même envers ses meilleurs amis. Penser autrement, c'est se leurrer. Marlon Brando a bien décrit l'état d'esprit qui y règne. Interrogé pour savoir comment il avait si bien su jouer le rôle du parrain de la mafia dans le célèbre film du même nom, Brando répond : « Je n'avais qu'à m'imaginer en train de présider une réunion du département d'État américain. » L'administration américaine a répondu à Marlon Brando par des protestations qui sonnaient faux et que le *New York Times* a reprises fidèlement, mais elle n'a pas réussi à nier la pertinence de ses propos.

Il y a donc peu de doute qu'André Ouellet, ministre des Affaires extérieures, ait demandé au secrétaire d'État américain Warren Christopher, le 25 février 1994, soit quatre mois après l'élection du gouvernement Chrétien, de se prononcer publiquement en faveur d'un Canada uni, avouant du même coup que son gouvernement ne pouvait gagner seul le référendum, et qu'il avait de ce fait contracté une dette envers Washington[110]. Ou est-il possible qu'il s'attendait à un retour d'ascenseur pour la volte-face étonnante de Jean Chrétien sur l'Accord de libre-échange nord-américain (ALENA) ? Rappelons comment le Parti libéral du Canada avait mené campagne contre le libre-échange depuis 1988, proclamant haut et fort, surtout à l'attention du Canada anglais, que, s'il était élu, il renégocierait l'accord. Or, il a fait ratifier l'ALENA, sans aucune négociation, seulement deux mois après son élection.

La liste de dirigeants politiques et de personnalités publiques canadiennes qui ont fait des démarches pour que les autorités américaines interviennent dans le processus référendaire, qui ont participé à des mises en scène visant à marginaliser le Québec ou qui ont félicité les autorités américaines après le fait, est saisissante. Outre André Ouellet, cette liste comprend notamment le premier ministre Jean Chrétien, les anciens premiers ministres Brian Mulroney et Pierre Elliott Trudeau, le chef du Reform Party en 1995, Preston Manning, le futur premier ministre Paul Martin, Sheila Copps, l'ancien premier ministre de l'Ontario, David Peterson, l'ambassadeur Raymond Chrétien, le sondeur Maurice Pinard, l'organisateur politique et vice-président de Power Corporation, John Rae, le bras droit de Jean Chrétien, Eddie Goldenberg, le chef de cabinet de Jean Chrétien, Jean Pelletier, pour ne nommer que ceux-là. Tout ce beau monde n'était pas sans savoir que le Canada aurait tôt ou tard à compenser les largesses consenties par les autorités américaines ainsi sollicitées. Mais il semblerait que la fibre nationaliste canadienne, qui vibre souvent si fort au son de l'antiaméricanisme, se taise curieusement dès qu'un drapeau québécois se hisse à l'horizon.

---

110. James Blanchard, *Behind the Embassy Door*, *op. cit.*, p. 199.

C'est donc avec un brin d'humour qu'il faut prendre les protestations ingénues des partisans du NON qui refusent d'admettre que le Canada abandonne un peu sa propre souveraineté dès qu'il sollicite l'aide du grand frère américain ou quand les Canadiens protestent vivement contre l'ingérence américaine dans des dossiers chers au Canadiens, comme le mariage de couples du même sexe.

Brian Tobin : «Non, le Canada n'a rien abandonné. C'est seulement que Jean Chrétien avait une très bonne relation avec Bill Clinton.» John Rae, qui jouait au golf avec le président Clinton à Halifax quelques mois avant le référendum : «Ce n'est absolument pas de l'ingérence dans les affaires canadiennes. C'est un ami qui voit un ami et dit ce qu'il en pense. Il n'y a aucun coût pour le Canada.» Marlon Brando rirait dans sa barbe. John Honderich, ancien directeur du très libéral et nationaliste canadien *The Toronto Star* : «Ce n'était pas de l'ingérence, seulement un proche voisin qui donne son opinion[111].»

La teneur des trocs diplomatiques de ce genre est rarement connue. Mais dans le cas présent, l'ambassadeur James Blanchard met en lumière au moins deux dossiers dans lesquels le Canada a convenu de modifier sa politique dans l'espoir d'obtenir l'appui de Washington contre le Québec. Le premier dossier, culturel, a été le projet de loi sur la diffusion au Canada du magazine *Sports Illustrated* ; le second, un vote à l'ONU sur Cuba[112]. Or, s'il y a bien deux domaines dans lesquels le Canada tente de se distinguer des États-Unis, ce sont bien la culture et la politique étrangère, particulièrement sur la question de Cuba.

À ce sujet, l'ambassadeur Blanchard a une franchise qui aurait dû faire dresser les cheveux de ses amis canadiens : «S'il n'existait pas une différence entre nous [les États-Unis] et le Canada sur Cuba, le gouvernement canadien aurait proba-blement à inventer autre chose. [...] De temps en temps, les politiciens canadiens doivent démontrer aux Canadiens qu'ils dirigent un pays souverain, au lieu de simplement approuver et appliquer des politiques faites à Washington.» L'ambas-sadeur Blanchard pousse son mépris du Canada plus loin et

---

111. Entrevues avec Brian Tobin, John Rae et John Honderich, 3 décembre, 24 novembre et 28 septembre respectivement.

112. James Blanchard, *op. cit.*, p. 247.

démontre que cette apparence de différence entre le Canada et les États-Unis fait bien l'affaire de Washington. « Les États-Unis voulaient que le Canada fournisse quelques centaines de soldats dans le cadre d'une invasion d'Haïti sous commandement américain pour que celle-ci ressemble à une action multinationale[113]. »

L'ironie est sublime : pour contrer les aspirations du Québec, le Canada, pays qui se targue d'être le champion de la diversité culturelle, fait appel au président des États-Unis qui, aux yeux du monde entier, incarnent l'uniformisation culturelle. Alors que le Québec constitue l'un des seuls remparts en Amérique du Nord contre cette uniformisation.

En ce qui concerne la teneur des interventions présidentielles, en plus des traditionnelles louanges de la force, de l'unité et de l'exemplarité du modèle canadien, on a vu apparaître, en début d'année référendaire, l'interprétation canadienne préférée du mouvement indépendantiste québécois, celle du « conflit ethnique ». Il est permis de croire que cette nouveauté dans le discours américain sur le Québec ne vient pas de Washington, mais d'Ottawa, pour qui la supposée obsession ethnique des indépendantistes québécois représente l'un de leurs principaux chevaux de bataille.

Ainsi, le 24 février 1995, à la Chambre des communes, le président Clinton déclare : « Dans un monde assombri par des conflits ethniques qui déchirent littéralement des pays entiers, le Canada est demeuré pour nous tous un modèle de gens de cultures différentes qui savent vivre et travailler ensemble dans la paix, la prospérité et le respect. Les États-Unis, comme l'ont déjà dit mes prédécesseurs, ont apprécié leurs relations excellentes avec un Canada fort et uni [...] »

Le 18 octobre, le secrétaire d'État Warren Christopher répétera le mantra des « relations excellentes avec un Canada fort et uni » en y ajoutant une phrase qui laisse entendre que la poursuite de cette relation, donc de l'accord sur le libre-échange, ne serait pas automatique avec un Québec souverain. Mais pas d'allusion au « conflit ethnique ».

Une semaine plus tard et à une semaine du scrutin, le mardi 24 octobre, le porte-parole de la Maison-Blanche

---

113. *Ibid.*, p. 148 et 154.

reprendra le même discours devant la presse, y allant aussi de son propre «Canada fort et uni». Et le même après-midi, le président Clinton renchérit lorsqu'il répond à une question posée par un journaliste du *Globe and Mail*, préparée justement pour lui donner l'occasion de planter le clou. Dans cette même intervention, il dira à deux reprises que le Canada est un «modèle» pour les États-Unis et le monde entier; à deux reprises, que le Canada est «fort et uni»; et à trois reprises qu'il souhaite que cela continue ainsi. Mais aucune allusion au fameux «conflit ethnique».

Chaque intervention a été pesée et discutée par des dirigeants politiques canadiens qui, par la suite, les ont applaudies vigoureusement. Le premier ministre Chrétien, par l'intermédiaire de son neveu Raymond Chrétien et de son chef de cabinet Jean Pelletier, a communiqué avec l'ambassadeur Blanchard dans les heures qui ont suivi le point de presse du président Clinton pour le remercier ses bons mots.

Notons que le président Clinton parlera de la notion de «conflit ethnique» dans son discours de Mont-Tremblant, le 7 octobre 1999. Mais il s'agissait là d'une situation tout à fait distincte du référendum, à un moment où le gouvernement Chrétien appliquait vigoureusement son plan B qui comprenait notamment des millions de dollars en commandites et l'imposition d'une loi «camisole de force», dite Loi sur la clarté (C-20).

Ce retour en fin de campagne référendaire à la position américaine officielle, alors qu'il paraissait très possible que le OUI l'emporte, tend à donner raison à Jacques Parizeau sur les relations Québec-Canada-États-Unis advenant un vote favorable à la souveraineté.

Jacques Parizeau: «Les États-Unis disent sensiblement ceci: "Nous n'allons pas dicter aux Canadiens la décision à prendre. Nous ne cacherons pas que nous préférons un Canada uni." Mais c'est stupide de dire qu'on pouvait nous mettre dehors de l'ALENA.»

«Vous ne pouvez pas aller à Miami, poursuit Jacques Parizeau, en étant le président Clinton, et demander la création d'une zone de libre-échange du pôle Nord à la Terre de Feu, et ajouter ensuite, *sauf le Québec*. C'est stupide. Vous ne pouvez pas solliciter le MERCOSUR dans une zone de libre-échange des trois Amériques, puis décider de mettre dehors un partenaire dont le bilan commercial est équivalent à l'ensemble du MERCOSUR (Argentine, Brésil, Paraguay, Uruguay), seulement parce que quelques Canadiens le veulent bien. Ça ne tient pas debout!» Il note aussi que c'était une évidence même que l'adhésion du Québec à l'ALENA ne serait pas automatique. «Quand on passe d'un traité à trois (États-Unis/Canada/Mexique), à un traité à quatre, avec le Québec, il va de soi qu'il y aura des négociations.»

Fait intéressant: dix ans après le référendum, l'ancien ambassadeur James Blanchard convient en entrevue que les États-Unis ne peuvent pas faire la promotion d'une zone de libre-échange en Amérique du Nord et, en même temps, songer à exclure le Québec parce que le Canada le voudrait: «Ce que cela veut dire, c'est que ce ne serait pas automatique pour le Québec. Le fond de l'histoire, c'est que ce n'est pas automatique, mais ça ne veut pas dire que le Québec n'en fera pas partie un jour[114].»

À propos du troc diplomatique entre les dirigeants d'Ottawa et les États-Unis, l'ancien premier ministre Jacques Parizeau ajoute: «Sur le fond des choses, si les Canadiens ont cédé quoi que ce soit pour la phrase de Clinton une semaine avant le référendum, je les plains!»

**

Comment gérer cette relation triangulaire du Québec avec le Canada et les États-Unis? Comment contrer l'action sournoise de nationalistes canadiens, qu'elle soit officielle, comme on l'a vu de la part de certains représentants du gouvernement Chrétien, ou simplement le fait d'expatriés canadiens zélés qui se font un devoir de dénigrer les Québécois à toute occasion?

René Lévesque en savait quelque chose. «Rien de plus pernicieux, écrivait-il, que cette facilité avec laquelle la communauté de langue permet à des officines torontoises de déformer des faits, remplissant de surcroît des commandes

---

114. Entrevue avec James Blanchard, 28 janvier 2005.

pour New York ou Chicago, de nous dénigrer à volonté et à l'échelle du continent. Ce qu'on sait moins, c'est que nombreux sont les Canadiens anglais que la carrière amène par là et qui, bien plus aisément que les Noirs *blanchis*, se transforment en impeccables Yankees, tout en continuant à propager leurs préjugés antiquébécois[115].»

Autre façon de dénigrer le Québec devant la galerie étatsunienne, qui aurait déplu royalement à René Lévesque, c'est le remplacement des mots «séparation et séparatiste» par les mots «sécession et sécessionniste». Jusqu'au début des années 1990, pour dénigrer le mouvement souverainiste, il suffisait de crier le mot «séparatiste» ou «séparatisse» en élevant le ton. Or, dans la période précédant le référendum, ces mots ont fait place, dans la bouche des dirigeants d'Ottawa, aux termes «sécession» et «sécessionniste» qui, aux oreilles américaines, n'évoquent qu'une seule sécession, celle des États esclavagistes du Sud et de la guerre civile américaine de 1861 à 1865. Quoique ce changement de vocabulaire prouve que le mouvement souverainiste, aux yeux de ceux qui le combattaient, prenait de la force et de la maturité, l'introduction du mot «secession», en anglais, avait pour seul objectif de rapprocher dans l'esprit des Américains la cause québécoise du mouvement le plus honni aux yeux des Américains et de beaucoup de Canadiens anglais. En entrevue, James Blanchard a confirmé la phobie américaine du mot «secession». «En partie, notre position n'était pas juste à l'égard du Québec, mais nous avons vécu une terrible guerre civile sanglante et nous n'aimons pas les "*secessions*". Les gens voient les événements à travers leurs propres lunettes.»

Jacques Parizeau voit dans ce comportement des Canadiens l'expression d'une peur profonde de voir le OUI l'emporter, peur jumelée à une stratégie qui peut se résumer par «l'ennemi de mon ennemi est mon ami». Mais il aborde le problème, comme d'habitude, de façon simple : la diplomatie, cela se joue à deux. Nous aussi, on peut et on doit être très actifs.

«Pour les Canadiens, dit-il, le meilleur partenariat avec le Québec, c'est la situation actuelle. Pour les États-Unis, la

---

115. René Lévesque, *Attendez que je me rappelle*, Montréal, Québec Amérique, 1986, p. 391.

meilleure situation au Canada, c'est la situation actuelle! L'inertie politique est là. C'est évident qu'on ne fait pas bouger les États-Unis sans faire appel à un tiers. C'est normal, d'ailleurs. En 1995, la France, c'était le pays évident.»

Pour illustrer ses propos, Jacques Parizeau décrit l'édifice qu'il a érigé dès qu'il a pris la direction du Parti québécois en 1988 et sur lequel il pouvait s'appuyer lors du référendum de 1995. «Ce n'était pas très gentil de ma part.» Cet édifice dépendait beaucoup de la France, ce pays tiers qui aurait aidé à faire bouger Washington. Il explique comment, dès 1991, comme chef de l'opposition à l'Assemblée nationale, il avait réussi à établir un lien direct avec le président de la République française, François Mitterrand, lui évitant ainsi de passer par le Quai d'Orsay, qui n'était pas favorable à la souveraineté du Québec. À titre d'exemple, M. Parizeau a fait livrer en mains propres une lettre de 11 pages au président Mitterrand, en date du 23 septembre 1991, dans laquelle il passe en revue la situation politique du Québec après l'échec de l'Accord du lac Meech et la Commission Bélanger-Campeau, aborde toutes les question délicates comme la reconnaissance internationale et les frontières d'un Québec, souverain, les forces de la démarche démocratique du Québec et termine avec un résumé de «ce que le Québec attend de la France». Jacques Parizeau conclut avec ceci: «Il est vital dans les mois qui viennent, cruciaux pour l'avenir, que les Québécois ne se sentent pas seuls. Ils souhaitent ardemment que la France, sans les précéder, les accompagne tout au long de la route qu'ils choisissent[116].» Lorsque Jacques Parizeau a déclaré en juin 2005 que le Parti québécois n'était pas prêt à faire la souveraineté, il faisait probablement référence à ce genre de préparatifs nécessaires à la reconnaissance internationale.

«J'ai rencontré beaucoup d'Américains comme chef de l'opposition, rappelle Jacques Parizeau, pas au niveau supérieur, mais beaucoup de monde. Invariablement, on téléphonait à l'ambassade de France pour vérifier ce que je disais. Ils disaient: "Est-ce que c'est vrai ce que Parizeau nous dit, que vous ne

---

116. Archives nationales du Québec, lettre de Jacques Parizeau à Monsieur François Mitterrand, Président de la République, Archives personnelles de Jacques Parizeau, accès à autorisation nominative.

lâcherez jamais le Québec?" L'ambassade répondait toujours: "Oui, on ne les lâchera pas, on est derrière eux, on les accompagne." Ça donnait à ce que je disais à Washington une autorité inouïe. Je me souviens d'un dîner où, pour la première fois, j'avais quelqu'un du secrétariat d'État, un autre du Commerce, j'avais des hommes d'affaires, des représentants de *think tanks* (groupes de réflexion) et pour la première fois, quelqu'un de la National Security Agency.»

«Je disais toujours la même chose: si on prend le pouvoir, on fait un référendum sur la souveraineté. Qu'est-ce qui se passe? Constamment, à Washington, jusqu'à ce point-là, je développais l'idée: Écoutez, vous ne pouvez tout de même pas nous mettre à la porte de l'ALENA. Ce n'est pas possible. Soyez sérieux. Le commerce du Québec avec les États-Unis représente un montant égal à votre commerce avec le Brésil, l'Argentine et le Chili réunis. Nous ne sommes pas marginaux, vous n'allez pas nous mettre dehors. Ça va faire une peine extraordinaire aux Canadiens anglais que vous nous mainteniez dans l'ALENA. Donc, je ne peux pas vous demander d'être les premiers à nous reconnaître politiquement. Que diriez-vous si, pour vous rendre service, les Français nous reconnaissaient les premiers? Il y avait toujours des silences. Là, c'était la doctrine de Monroe en question. À ce moment-là, le gars de la National Security Agency a donné une tape sur la table. "Non, ce n'est pas les Français qui vont vous reconnaître les premiers, ce sera nous!"»

Jacques Parizeau insiste sur cet aspect de la reconnaissance du Québec après un vote favorable à la souveraineté. «Le gars de la National Security Agency avait parfaitement raison. Pensez-vous un instant que les États-Unis peuvent accepter qu'il y ait une création politique majeure qui se passe dans les Amériques sans qu'ils soient les premiers, et qu'ils donnent l'impression d'être les initiateurs? Ils permettraient à un pays européen d'être le premier à nous reconnaître? Ce n'est pas sérieux, ça!»

Mais la situation est bien différente en 2005. Et en 2007, en 2008, en 2010, ce sera différent encore. Washington fait souvent fi de la France, notamment depuis l'invasion de l'Irak mais aussi en Afrique où les États-Unis essaient de supplanter la France. Peut-on recréer cette situation diplomatique qui, en 1995, aurait permis la reconnaissance internationale du

Québec après un vote pour la souveraineté? Est-ce que l'appui de la France, comme pays tiers, serait suffisant aujourd'hui?

«Je suis convaincu d'une chose, insiste l'ancien premier ministre Parizeau. On ne répétera pas ce qu'on a fait en 1995. Mais la France n'est pas le seul pays au monde. Mon Dieu qu'on a de bons rapports avec le président Lula du Brésil, dit-il sourire en coin. J'ai été ébloui par les rapports que les Québécois ont établi là-bas, à la fois au gouvernement du Québec à l'époque, avec tous les groupes à Porto Allegre, ainsi qu'avec le parti de Lula. C'était inimaginable.» Notons que le gouvernement de Jean Charest a interrompu cette pratique d'envoyer des représentants officiels aux sommets sociaux, comme ceux de Porto Allegre.

Jacques Parizeau fait remarquer que, sous le président Luiz Inacio da Silva, le Brésil, qui compte une population de 180 millions, fait tout ce qu'il peut pour être le contrepoids des États-Unis en Amérique latine, ce que le Mexique ne peut lui disputer depuis qu'il a adhéré à l'ALENA et, du coup, reconnu le leadership des États-Unis.

Idée passionnante, s'il en est, car elle donne de la chair à cette pensée du poète national et indépendantiste portoricain, le regretté Juan Antonio Correteojer, qui déclarait, dès les années 1960, tant à Ottawa, qu'à Montréal, New York, San Juan, et ailleurs, que le Québec était la seule nation latino-américaine au nord du Rio Grande. Idée passionnante aussi pour tous ces jeunes québécois, qui apprennent le portugais et l'espagnol et qui éprouvent de l'engouement pour l'Amérique latine, et particulièrement pour le Brésil. Un journaliste de la radio communautaire CIBL envoyé au forum social à Porto Allegre en 2005 a illustré cet enthousiasme lorsqu'on lui a demandé s'il y avait beaucoup de Québécois sur place: «Oui, il y en a des centaines, probablement plus de 300, mais, par contre, il n'y a aucun Canadien!»

Dans les années 1960, on voyait la Francophonie en Europe et en Afrique comme une source d'oxygène pour un Québec dont les sphères d'action étaient étriquées, surveillées étroitement par Ottawa. Mais cet oxygène peut venir aussi de l'Amérique latine. Il suffit de faire la jonction entre la politique indépendantiste québécoise et l'enthousiasme des Québécois pour cette partie du monde.

Il faut noter que l'oxygène que cherchait le Québec dans la Francophonie, et qui faisait bouger les Jean Lesage, Paul Gérin-Lajoie et Daniel Johnson père, devient de plus en plus rare à mesure qu'Ottawa en bouche la source par ses politiques. L'adoption internationale, particulièrement l'entente ratée entre le Québec et le Viêtnam en juin 2005, en est un bon exemple. Boutros Boutros Ghali, qui était secrétaire général de l'Organisation internationale de la Francophonie après avoir été secrétaire général de l'ONU, explique pourquoi la Francophonie ne représente plus, pour le Québec, la source d'oxygène à laquelle le Québec a voulu accéder. M. Boutros Ghali observe que, lorsqu'il dirigeait la Francophonie, l'organisation devenait de plus en plus politique et pas seulement culturelle. Puisque la politique étrangère relève exclusivement du gouvernement du Canada, le rôle du Québec dans la Francophonie devenait, par la même occasion, moindre[117]. Cela explique l'engouement, quoique tardif, d'Ottawa pour la Francophonie. Après s'être battu depuis les années 1960 contre l'existence même de cette organisation, le gouvernement du Canada en devient le champion parce que, en en faisant une organisation internationale politique, il peut d'office exclure le Québec des débats importants.

Ayant occupé le poste le plus élevé de deux grandes organisations internationales importantes pour le Québec, l'ONU et l'OIF, Boutros Boutros Ghali possède une certaine autorité. Ainsi, selon le journaliste Michel Vastel qui cite l'ancien ministre libéral Marcel Massé, Jean Chrétien aurait adopté son plan B à la suite de commentaires du secrétaire général de l'ONU, Boutros Ghali, et d'autres chefs d'État, émis lors des funérailles du premier ministre israélien Yitzhak Rabin, peu après le référendum. L'ancien secrétaire général de l'ONU aurait dit à Jean Chrétien : « Comment pouvez-vous laisser faire cela ? Si vous acceptez des sécessions aussi facilement que cela, il va y avoir 500 nouveaux États et le monde sera ingouvernable[118]. »

« Je l'ai bien dit, m'a déclaré Boutros Ghali en entrevue. Mais en disant cela, je pensais à la situation mondiale, comme en

---

117. Entrevue avec Boutros Boutros Ghali, Paris, 20 novembre 2002.

118. Michel Vastel, *Chrétien. Un Canadien pure laine*, Montréal, Les Éditions de l'Homme, 2003, p. 218.

Afrique où chaque pays compte tellement de peuples et où les pays peuvent se diviser en tant de petits pays[119].» À cela, je lui ai répondu qu'il ne s'agit pas de 500 ni de 50 pays en Amérique du Nord, mais de 4 pays: le Mexique, les États-Unis, le Canada et le Québec. À partir du moment où le mouvement est authentique et ne repose pas que sur l'ingérence d'un pays étranger – ce qui est le cas du mouvement souverainiste québécois qui ne cesse de croître en importance depuis 40 ans –, le mouvement est légitime et mérite un traitement égal à tous les peuples ayant réalisé leur indépendance. L'ancien secrétaire général de l'ONU a répondu qu'il ne voulait aucunement mépriser le Québec, qu'il connaissait bien, et qu'il pensait surtout aux répercussions ailleurs dans le monde, surtout en Afrique. On peut donc conclure de cette entrevue que le mépris du Québec et le plan B d'Ottawa des années 1995 à 2003, c'est le Canada et son gouvernement libéral qui s'en sont chargés. Jean Chrétien n'avait pas besoin des commentaires de Boutros Boutros Ghali pour le faire.

***

Si, comme le pense Jacques Parizeau, la reconnaissance internationale du Québec ne devrait pas poser de problème, pourvu, bien sûr, que nous nous y prenions avec intelligence et imagination, il restera à surmonter l'effet que la position des États-Unis, réelle ou perçue, peut avoir sur nous au Québec lorsque nous serons appelés à décider de nouveau de notre avenir.

En exergue de ce chapitre, nous citons une phrase de Dany Laferrière qui expliquait pourquoi Paris exerçait, dans le domaine littéraire, tant de pouvoir sur les littératures québécoise et haïtienne: «C'est nous en définitive qui donnons à l'autre le pouvoir qu'il exerce sur nous.» Lorsque les tenants du NON du Québec ou du Canada s'ingéniaient à faire intervenir le président Clinton en 1995, ils savaient que nous accordions une importance considérable, voire excessive, à ce

---

119. Entrevue avec Boutros Boutros Ghali, Paris, 9 novembre 2004.

que pensent ou disent les Américains à notre sujet : c'est ce que leur disaient leurs observations et leurs sondages…

En d'autres termes, c'est nous qui leur donnons ce pouvoir sur nous. Reconnaître cet état d'esprit colonial à l'égard de tout ce qui vient des États-Unis, c'est commencer à l'enrayer.

S'il est vrai que nous leur donnons ce pouvoir, il est aussi vrai que les grands médias fédéralistes au Québec, dont et surtout *La Presse* et Radio-Canada, ont bien compris le jeu, de sorte que des événements se déroulant aux États-Unis reçoivent très souvent une couverture plus importante que des événements au Québec. Deux exemples en 2004 sautent aux yeux.

Dans les semaines précédant les élections américaines du 2 novembre 2004, près de la moitié de la salle de rédaction de *La Presse* était en poste… aux États-Unis. Nous avons eu droit presque tous les jours à des chroniques et à des *vox populi* venant des quatre coins de l'autre pays. Des pages entières, des cahiers spéciaux entièrement consacrés aux élections améri-caines. *La Presse* nous a même sondés sur nos préférences, John Kerry ou George W. Bush ? Comme si on avait droit de vote ! Elle a même publié des livres sur les élections américaines. Et lorsque Boston a remporté la Série mondiale, c'était le comble : il a fallu tourner au moins 10 pages et sortir une loupe pour trouver la première nouvelle sur le Québec !

En fait, en lisant *La Presse* pendant les élections américaines, on a une petite idée de ce que cela a pu être de vivre dans les lointaines contrées des Empires français ou britannique – en Algérie, en Inde, en Rhodésie ou en Afrique occidentale française – pendant une élection métropolitaine : l'élection occupait toute la place, et les « indigènes » n'y pouvaient rien. La différence pour le Québec, c'est que, jusqu'à nouvel ordre, le Québec demeure juridiquement et politiquement indépendant des États-Unis !

Voici donc une suggestion à *La Presse* pour les élections américaines de 2008. Pourquoi ne pas publier le journal carrément en anglais et le distribuer à Boston ? Au moins, il servirait à éclairer des gens qui ont droit de vote.

Radio-Canada ne faisait guère mieux. D'importants effectifs des salles de nouvelles télé et radio ont carrément déménagé aux États-Unis. Jean Dussault de l'émission *Sans Frontière* se plaisait à dire : « C'est un peu notre président à nous, itou!» Comme disait l'autre : «Les *Amaricains*, ils l'ont l'affaire!»

Ce comportement des deux grands médias fédéralistes au Québec tranche nettement avec celui des médias anglais au Canada, comme *The Globe and Mail*, CBC et *The Gazette*, qui se sentent une obligation de traiter les nouvelles canadiennes sur un pied d'égalité avec celles des États-Unis, ne serait-ce que pour se convaincre de leur existence distincte.

Autre exemple, l'intervention de Michael Moore en juin 2004 pendant la campagne électorale fédérale. Dix jours avant l'élection, de passage à Toronto pour la projection de son film *Fahrenheit 9/11*, Michael Moore suggère, dans une entrevue avec *La Presse* et Radio-Canada, comme par hasard, de voter libéral le 28 juin. Il est de notoriété publique que Michael Moore ne connaît rien à la politique canadienne – c'était évident dans son film *Bowling for Columbine* – et encore moins à la politique québécoise. Qu'importe! La nouvelle fait la grande manchette de *La Presse* et la première nouvelle du téléjournal de Radio-Canada : l'opposition québécoise à la guerre en Irak étant bien connue de ces deux médias, comment mieux faire pour affaiblir le Bloc québécois que de nous envoyer un Américain sympathique comme Michael Moore, qui est à la fois pro-Canada et prolibéral!

L'autre message non dit dans cet engouement pour tout ce qui se passe au sud de notre frontière, c'est que les affaires du Québec ne sont d'aucun intérêt. Robert Laplante, directeur de la revue *L'Action nationale*, y voit un effet compensatoire. Les journalistes eux-mêmes se sont massivement désintéressés des affaires québécoises, et surtout des «vieilles affaires indé-pendantistes», ne jurant que par les «causes des autres». S'intéresser à ce qui se passe chez nous mettrait un frein à leur carrière. Il faut trouver quelque chose de plus exotique, de plus *sexy*.

Le problème se situe peut-être dans l'esprit de certains journalistes, mais il se situe aussi et surtout, comme nous le verrons, dans la structure des médias au Québec et au Canada. Le référendum de 1995 et les années qui l'ont suivi nous en fournissent les meilleures preuves.

12

POUR DES MÉDIAS

QUI NOUS RESSEMBLENT[120]

Pierre-F. Côté a déclaré que le comportement du gouvernement du Canada lors du référendum au Québec en 1995 en ce qui a trait à la Loi sur la consultation populaire était «analogue» à celui du gouvernement des États-Unis contre le président Chavez du Venezuela lors du référendum en août 2004, Washington ayant financé à coup de millions le camp du NON. Cette comparaison ne touche pas du tout à la question du rôle des médias dans une campagne référendaire ainsi que dans tout le processus politique. Or, tout comme pour le financement externe des camps opposés au changement, par Washington dans le cas du Venezuela et par Ottawa dans le cas du Québec, le rôle des médias dans ces deux campagnes se ressemble drôlement.

Dans le formidable documentaire, *La révolution ne sera pas télévisée* (*The Revolution will not be Televised*), filmé dans le feu de l'action du coup d'État avorté au Venezuela au début d'avril 2002, on entend l'un des dirigeants du coup, le vice-amiral Victor Ramirez Pérez déclarer: «Nous avions, entre nos mains, une arme mortelle: les médias.» En effet, lors du coup d'État raté de 2002, comme pendant la campagne référendaire vénézuélienne de 2004, les forces opposées au président élu

---

120. Ce chapitre est loin d'être exhaustif. Il resterait à faire une étude poussée sur la couverture de l'ensemble des médias québécois pendant la campagne référendaire.

Victor Chavez contrôlaient plus de 90 % de la presse audio-visuelle et écrite du pays, et elles s'en servaient vigoureusement. De plus, une partie importante de ces médias étaient affiliés à des intérêts américains. Le potentiel de ces médias d'influencer l'issue d'une élection ou d'un référendum ou d'imposer leurs propres programmes et calendriers politiques est donc énorme. Le potentat italien Sylvio Berlusconi aurait décrit ce potentiel comme suit : une fois que l'on détient le pouvoir économique et le pouvoir médiatique, ce n'est qu'une question de temps avant que le pouvoir politique tombe dans nos mains.

Le problème de la concentration des médias québécois et canadiens entre les mains d'un groupe très restreint de personnes déterminées à vaincre le mouvement souverainiste est encore plus grave aujourd'hui qu'en 1995, et beaucoup plus encore que lors du référendum de 1980. Voici un bref et triste portrait de la situation.

En anglais, aucun média canadien ou québécois n'accorde la moindre légitimité à l'option souverainiste. Aucun! Tous ces médias, sans exception, font ouvertement campagne contre l'option souverainiste. En cela, ils ne font que récidiver, un peu à la manière de *The Gazette* lors du référendum de 1980. On se rappellera que la politique éditoriale de ce quotidien a été révélée au grand public en 1980 lorsqu'une note de service interne de neuf pages a été coulée. Cette note de service, qui se lisait comme la plateforme référendaire du camp du NON, proposait des sujets d'articles qui feraient ressortir, par des comparaisons et d'autres astuces éditoriales, tous les « dangers » imaginables de la souveraineté : déménagement des sièges sociaux, faillite monétaire, chômage, partition du Nord-du-Québec et de l'ouest de Montréal, divisions ethniques, guerre civile (comme le Biafra au Nigeria), etc. *The Gazette* justifiait alors sa politique éditoriale propagandiste pour le NON en affirmant : « *Our readership consists of people who automatically will vote no.* » (Nos lecteurs sont des gens qui voteront automatiquement NON[121].)

En français, au Québec et au Canada, Radio-Canada, par ses normes et politiques, doit nécessairement « contribuer au partage d'une conscience et d'une identité nationales », ce qui la met carrément dans le camp opposé à la souveraineté.

---

121. Mémorandum, de J.R. Walker à Geoff Stevenson, *The Gazette*, 18 mars 1980.

Cette position de Radio-Canada est tout à fait de tradition, remontant aux débuts de la radiodiffusion au Canada. On ne doit pas oublier que c'est pendant la Seconde Guerre mondiale que la propagande gouvernementale au Canada a vraiment pris de l'ampleur et elle avait pour cible le Québec où s'était tenu un autre référendum, celui de 1942 sur la conscription. C'est seulement à ce moment-là que le réseau français de la Canadian Broadcasting Corporation, fondée en 1936, s'est élargi pour rejoindre toute la population francophone. Il fallait s'assurer de l'appui du Québec à la conscription[122]. Notons que, parallèlement, le Canada avait établi une section du gouvernement dédiée à la propagande : le Bureau de l'information publique en 1939, qui deviendra la Commission d'information en temps de guerre. Le Canada a fait venir un Américain, Charles Vining, pour le diriger avec l'objectif premier d'apaiser le Québec dans la foulée du référendum sur la conscription.

Gesca, propriété de Power Corporation, qui possède *La Presse, Le Soleil, Le Quotidien, Le Droit, Le Nouvelliste, La Tribune, La Voix de L'Est,* fait de son opposition acharnée à l'indépendance du Québec son principal cheval de bataille politique. Ensemble, Radio-Canada et Gesca influencent l'actualité québécoise et canadienne un peu comme le fait le *New York Times* pour les Américains, sinon pour le monde. Gore Vidal a dit de ce journal qu'il est la «*Typhoid Mary*» du journalisme américain, l'allusion étant faite à cette bonne à New York qui, en 1906, répandait jovialement mais inéluctablement le virus du typhus partout où elle passait. Radio-Canada et Gesca ont ce même effet au Québec : ils donnent le ton à l'actualité. S'il est vrai que certains journalistes de Gesca et de Radio-Canada dérogent parfois à la ligne juste de leur maison respective, tout ce qui relève de l'éditorial – pas seulement les éditoriaux somnifères et indigestes d'Alain Dubuc mais les choix de sujets et la façon de les présenter – est strictement antisouverainiste. Quant aux médias de Quebecor, les rares fois où ils ne penchent pas du côté du

---

122. Jonathan W. Rose, *Making "Pictures in Our Heads": Government Advertising in Canada*, Westport, Praeger, 2000, p. 66-67 ; Marc Raboy, *Missed Opportunities: The Story of Canada's Broadcasting Policy*, Montréal, McGill-Queen's University Press, 1990 ; et Marc Raboy, *Broadcasting policy, Nation-building, and constitutional politics in Canada and Quebec" Quebec Studies*, n° 18, p. 63-74.

pouvoir canadien ou qu'ils n'attrapent pas le virus semé par Radio-Canada et Gesca, au mieux, ils restent neutres. Dans ce portrait, seul *Le Devoir*, avec son maigre tirage ne dépassant jamais les 35 000, ose se prononcer en faveur de la souveraineté, mais le fait toujours avec une grande prudence[123].

Imaginons maintenant la situation si des souverainistes contrôlaient seulement la moitié des médias au Québec! Ce n'est pas trop demander. Mais, malheureusement, nous n'osons pas le faire. Ce manque d'audace est illustré mieux que jamais par le livre de Mario Cardinal, qui porte le titre intrigant *Il ne faut pas toujours croire les journalistes*[124]. Ce livre était attendu, parce que Mario Cardinal doit savoir de quoi il parle puisque, avant d'être ombudsman à Radio-Canada pendant et après le référendum de 1995, il a fait le tour des médias québécois, de la presse écrite à la télévision en passant par la radio, comme journaliste ou directeur de l'information.

Dans ce livre publié au début de 2005, Mario Cardinal pose beaucoup de questions, et de bonnes questions, mais il les laisse sans réponses. En cela, il est un pur produit de Radio-Canada et des médias québécois où, comme le dit Robert MacKenzie, ancien journaliste congédié du *Toronto Star* après 37 ans de service pour avoir prononcé une allocution lors de la remise du prix Olivar-Asselin à Normand Lester en 2001, les journalistes et commentateurs québécois ne semblent pas avoir le droit de prendre position dans les grands débats. Au Canada, les journalistes et les chroniqueurs prennent constamment position, faisant carrément campagne contre la souveraineté du Québec, ce qui ne les empêche pas de continuer à sévir dans la presse écrite ou à parler sur les ondes radio ou télé. Les Jeffrey Simpson, Andrew Coyne, Lawrence Martin, David Frum, Margaret Wente, Rex Murphy, Michael Enright, Paul Wells n'ont jamais caché leur farouche opposition à tout changement de statut pour le Québec. En revanche, au Québec,

---

123. Selon une étude du Centre d'études sur les médias, en 2000, les journaux de Gesca et de Quebecor se partageaient 97 % du tirage global des quotidiens francophones au Québec. Les journaux de Gesca avaient un tirage hebdomadaire de près de 3 millions contre le tirage hebdomadaire du *Devoir* soit environ 171 000 exemplaires.

124. Mario Cardinal, *Il ne faut pas toujours croire les journalistes*, Montréal, Bayard Canada, 2005.

rares sont les journalistes ou chroniqueurs souverainistes qui osent afficher clairement leur opinion.

L'ancien ombudsman de Radio-Canada pose aussi un regard critique sur les faiblesses des journalistes face aux pouvoirs qui les entourent : le pouvoir financier qui impose la convergence des médias, le pouvoir tyrannique de l'image qui l'emporte toujours sur l'information, la tyrannie du fait divers vendeur et source de cotes d'écoute élevées et la tyrannie des pouvoirs politiques. Qui parle de la tyrannie du pouvoir politique parle nécessairement de la relation entre le journaliste et son pays, le journaliste et le patriotisme. Le problème est universel mais, pour le journaliste québécois ou le journaliste canadien, il est doublement important.

Alors que Mario Cardinal, à titre d'ombudsman de Radio-Canada au moment du référendum de 1995, aurait pu nous éclairer à ce sujet, son livre déçoit beaucoup. À part une défense peu convaincante de Jean Pelletier, directeur de l'information de Radio-Canada dans l'affaire de Normand Lester où Cardinal a attaqué ce dernier – Normand Lester a été suspendu et exclu de Radio-Canada après avoir publié son *Livre noir du Canada anglais* en réponse à, tenez-vous bien, un scandale de commandites cachées –, l'ancien ombudsman ne consacre qu'un maigre tiers de son livre à cette question capitale. Et la moitié de ce tiers est une critique de la presse asservie des États-Unis, surtout depuis la guerre en Irak. Sa critique de la presse étatsunienne asservie aurait mérité un livre à elle seule mais, dans ce livre, elle se lit comme une tentative de voir la paille dans l'œil de l'autre, pour éviter de voir la poutre dans le sien : vingt-trois pages dans le chapitre « *When Canada is at stake…* » (Quand l'avenir du Canada est en jeu…) par rapport à une cinquantaine consacrées à la presse asservie des États-Unis. La partie « *When Canada is at stake…* » est suivie d'un sermon de quarante pages dénonçant l'inélégance des Québécois de ne pas avoir apprécié la série télévisée, à laquelle il a participé, intitulée *Le Canada, une histoire populaire*. Cette série a été la plus grosse production jamais entreprise par une télévision canadienne. Selon Mario Cardinal, les Québécois seraient coupables d'y avoir vu une manœuvre politique de Sheila Copps et de Stéphane Dion. Quelle idée !

Les constats de Mario Cardinal sur le journalisme et sur la CBC/Radio-Canada et les grandes institutions médiatiques canadiennes pendant le référendum de 1995 sont extrêmement troublants, même s'ils n'apportent aucune solution.

Voici quelques exemples venant de la très sobre CBC/Radio-Canada, réseau de télévision et de radio public. Selon une analyse du contenu de toute la couverture du référendum réalisée par Erin Research pour le compte de la CBC/Radio-Canada, le grand bulletin de soirée de CBC, *The National*, a résolument favorisé le NON pendant la campagne référendaire de 1995, dans une proportion de 71 % contre 29 %. Pire encore, la grande émission matinale de la CBC, *The World at 8*, a favorisé le NON à 79 % contre 21 %. Si on compare, la même étude conclut que le réseau français de Radio-Canada a été beaucoup plus équilibré, favorisant légèrement le NON à 52 % contre 48 %. On peut imaginer quel serait le constat pour le réseau Global ou CTV, *The Toronto Star* ou la chaîne de journaux Southam, aujourd'hui Canwest : sûrement de l'ordre de 90 % contre 10 %. Selon Robert MacKenzie, qui était encore au service du *Toronto Star* en 1995, ce grand journal a jeté par les fenêtres les règles élémentaires de déontologie journalistique, en annonçant gratuitement le mal nommé *love-in* du 27 octobre, en nolisant des autobus et en faisant voyager plusieurs journalistes vers Montréal dans l'autobus payé par le journal lui-même.

Erin Research conclut l'analyse de la couverture par la CBC en affirmant que ce déséquilibre est légitime et justifié étant donné que la clientèle de la CBC est anglophone et unanimement fédéraliste. Les salles des nouvelles et les journalistes de la CBC avaient raison, selon le rapport, de suivre le consensus populaire. En d'autres mots, le souci d'informer et d'être équitable dans la présentation des nouvelles sur la campagne référendaire et ses enjeux est subordonné à la volonté de dire à la population ce qu'elle veut bien entendre et de répéter ce que les sondages présentent comme étant des consensus populaires. Bref, Erin Research affirme que la propagande partisane – c'est de cela qu'il s'agit – est légitime pour le réseau public canadien. Que fait la CBC/Radio-Canada lorsqu'elle reçoit l'étude d'Erin Research ? Elle la dénonce ? Elle exige que les auteurs se remettent au travail et produisent un autre rapport ? Pas du tout. La CBC/Radio-Canada entérine les conclusions d'Erin Research[125]! La société d'État rejoint ainsi la politique éditoriale de *The Gazette* telle que définie en 1980 dans la note de service interne – «*Our readership consists of people who automatically will vote no*» –, politique qui a été férocement dénoncée à l'époque.

En somme, les hautes instances radio-canadiennes convenaient que la déontologie des réseaux d'information publics permet la propagande anti-Québec quand l'avenir du Canada est en jeu! Encore et toujours le même principe: la fin justifie les moyens.

Qu'arriverait-il si l'antisémitisme devait, selon les sondages, faire l'objet d'un consensus populaire? La CBC/Radio-Canada applaudirait-elle les journalistes et les directeurs de l'information qui favoriseraient l'antisémitisme au nom de ce supposé consensus populaire? Poser la question, c'est y répondre.

Mario Cardinal déplore cette attitude postréférendaire de Radio-Canada, mais c'est tout. En cela, il est prisonnier d'une idée d'un réseau de radio et de télévision, CBC/Radio-Canada, qui a fait son temps. Alors que tous les partis politiques québécois considèrent que le Québec forme une nation, reconnaissent qu'il possède son Assemblée «nationale», sa capitale «nationale», sa bibliothèque «nationale» et son drapeau «national», pourquoi doit-on continuer à accepter que la programmation de notre principal réseau public doive encore «contribuer au partage d'une conscience et d'une identité nationales [canadiennes]»?

L'ancien ombudsman de Radio-Canada, comme d'autres, semble être également prisonnier d'une idée du Canada qui a fait son temps. Le constat du comportement de CBC/Radio-Canada au référendum de 1995 et de sa réaction au rapport d'Erin Research, qui en fait un réseau d'État faisant la promotion de la position du gouvernement libéral de l'époque et non pas un réseau public indépendant de l'État, est suffisant pour que le Québec prenne des mesures radicales pour protéger le droit à des informations complètes et équitables et pour protéger la population québécoise contre la propagande d'un État plus fort. Cela suffirait, par exemple, pour que le

---

125. *Ibid.*, p. 75-98.

Québec décide d'établir son propre CRTQ, Conseil de la radiodiffusion et des télécommunications pour le territoire québécois, comme cela aurait dû être le cas depuis les débuts de la radiodiffusion au Canada. On se rappellera que, à la fin des années 1920, le gouvernement Taschereau a tenté d'occuper cette place importante dans le développement d'un peuple. La loi québécoise adoptée par le gouvenement Taschereau a été invalidée par la Cour suprême du Canada et par le comité judiciaire du Conseil privé de Londres. Les constatations faites sur ce comportement de CBC/Radio-Canada en 1995 sont suffisamment graves pour que le Québec bâtisse, à partir de Télé-Québec, une grande RTQ, Radio et Télévision du Québec, avec une déontologie qui ferait l'envie des réseaux publics du monde. Car chaque fois que le Québec a agi ainsi pour corriger les iniquités politiques ou économiques, il l'a fait avec panache, devenant par la même occasion un modèle dont s'inspirent d'autres pays. Pensons seulement à nos lois régissant les dépenses électorales, à Hydro-Québec, à la Charte de la langue française, aux politiques des services de garde.

Mario Cardinal sert également un pénible sermon sur la superproduction *Le Canada, une histoire populaire*. Son sermon a pour effet de cacher la vérité concernant les grandes manœuvres de propagande et de corruption mises en œuvre dans la période postréférendaire où cette émission a été conçue, réalisée et diffusée. Selon Mario Cardinal, ce n'aurait été qu'un curieux hasard que cette superproduction ait été proposée seulement quelques mois après le référendum. À ce moment-là, Ottawa lançait son plan B, parlait de la partition du Québec et lançait son programme des commandites, mais Mario Cardinal proteste que la superproduction historique était distincte de tout cela. Ce n'aurait été qu'une malheureuse coïncidence aussi que l'émission sur l'histoire populaire du Canada ait été diffusée en même temps que Sheila Copps distribuait «ses petits drapeaux». Nous verrons au chapitre 14 que Sheila Copps n'a jamais été une banale distributrice de petits drapeaux, mais plutôt une super-ministre du gouvernement canadien, n'ayant qu'une seule mission: «*Build Canada today!*»

Autre regrettable coïncidence, selon Cardinal: les déclarations malheureuses du président de Radio-Canada, Robert Rabinovitch, la veille de la diffusion de l'émission en 2000. En voici une : «*The History Project is an example of the nation-building blockbuster type of stories we would like to do*[126].» (Notre projet historique est un exemple des super-productions vouées au *nation-building* que nous voudrions faire.) Alors que la Société Radio-Canada se targue d'être indépendante du gouvernement, le fameux «*arm's length*» anglais, son président dit exactement la même chose que la ministre Sheila Copps sur le *nation-building* canadien. Mais Mario Cardinal se démène pour cacher cette solidarité, tricotée serré, qui règne au sein de la classe politique et culturelle canadienne, reléguant la déclaration de Robert Rabinovitch à une note de bas de page. Robert Rabinovitch était aussi membre du Conseil d'administration de la Fondation CRB qui a financé en sous-main les *Minutes du patrimoine* réalisées par l'entreprise de Robert-Guy Scully, L'Information essentielle, et diffusées à Radio-Canada.

Si l'émission sur notre formidable histoire n'a pas été bien accueillie au Québec, c'est la faute aux nationalistes, dit Cardinal. Jamais, proteste-t-il, les producteurs de cette émission n'auraient versé dans un exercice ignoble de *nation-building*. Son argumentation se limite à une défense sans retenue du producteur et du concepteur de l'émission, Mark Starowicz. Ce que Mario Cardinal ne dit pas, et il le sait très bien, c'est que Mark Starowicz a aussi été le producteur de l'ignoble émission *The Greatest Canadian*, qui a défrayé les manchettes en 2004. Si cette clownerie, inspirée d'une émission de la BBC, n'était pas un exercice ignoble de *nation-building*, il n'en existe aucun. Par ailleurs, si Starowicz et la CBC avaient eu la moindre sensibilité pour le Québec, ils auraient retiré *The Greatest Canadian* dès que les résultats ont placé Don Cherry en 7ᵉ position et un seul Québécois dans les dix premiers grands Canadiens, soit Pierre Elliott Trudeau, qui ne méritait cette position que parce qu'il avait mis le Québec à sa place avec la Loi sur les mesures de guerre en 1970 et le coup de force constitutionnel de 1982. La CBC aurait dû s'inspirer de l'Afrique du Sud où la South African Broadcasting Corporation (SABC) a retiré sa version de l'émission lorsqu'un nombre important de téléspectateurs

---

126. *Time Magazine*, The Canadian Edition, 26 juin 2000.

ont soumis que « *The Greatest South African* » était Hendrik Verwoerd, fondateur de l'apartheid, ou encore Eugene Terreblanche, suprématiste blanc en prison. La CBC ne l'a pas fait.

Dans sa défense de l'émission *Le Canada, une histoire populaire* et dans le sermon qu'il nous livre, Mario Cardinal fait un constat rafraîchissant. Le mot *Canada* serait maintenant tabou au Québec. Simplement de le voir, de l'entendre, provoquerait un haut-le-cœur chez un très grand nombre de Québécois. Rafraîchissant, n'est-ce pas, parce que cela veut dire que les efforts pour imposer, comme une camisole de force, autant le mot *Canada* que ses symboles n'ont pas eu le succès escompté !

À partir de ce constat, au nom d'une information équilibrée et juste et dans le but d'entendre toutes les voix et toutes les positions, le Québec devrait prendre les mesures nécessaires pour modifier la structure des médias opérant sur son territoire.

13

UNE GRANDE VOIX QUE LE CANADA VEUT IGNORER : JANE JACOBS

« Seules les anecdotes sont de véritables preuves parce qu'elles s'inspirent d'histoires vraies », dit Jane Jacobs, auteure, entre autres, d'un livre très important intitulé *The Question of Separatism : Quebec and the Struggle over Sovereignty*, publié en 1980. Voici donc une anecdote qui en dit long sur l'attitude du Canada anglais et de ses médias à l'égard du Québec. Interrogée pour savoir si, dans ses entrevues avec les médias, on lui posait des questions sur le Québec, Jane Jacobs a répondu : « Non. Presque jamais. Vous êtes le premier[127] ! »

« Jane Jacobs est parmi ce groupe très restreint d'êtres vraiment originaux qui vivent parmi nous », dit Robert Fulford, gourou culturel du Canada anglais. Le magazine *The New Yorker* la décrit comme « l'analyste hors pair de tout ce qui concerne l'urbanisme […], l'incontournable pour quiconque réfléchit à l'avenir des villes ». Son premier livre, *Déclin et survie des grandes villes américaines*, publié en 1961, s'est vendu à des millions d'exemplaires. Elle est citée dans le monde entier. Elle est consultée sur une grande variété de sujets par des présidents, des premiers ministres, des maires, des universitaires et des dirigeants d'entreprise. Elle a reçu partout quantité de prix pour son œuvre. Le premier ministre Paul Martin la consulte. Mais personne ne s'intéresse à ce qu'elle a à dire sur le sujet d'actualité qui est

---

127. Entrevue en anglais avec Jane Jacobs, Toronto, 2 mai 2005.

toujours le plus important pour le Canada, « The Great Canadian Political Question » (La grande question politique canadienne) selon *The Economist*, soit le Québec et l'attitude que le Canada devrait adopter face à une partie importante de sa population déterminée à en faire un pays indépendant.

Même lorsque Jane Jacobs a publié son livre en 1980, faisant suite à la série d'émissions radiophoniques Massey intitulées *Canadian Cities and Sovereignty-Association* et diffusées en novembre 1979, elle se rappelle qu'il n'y avait « presque pas de réaction[128]. J'ai demandé à mon mari, qui est architecte et qui travaillait temporairement à Calgary, de demander à ses collègues albertains ce qu'ils pensaient du séparatisme. Il m'a dit qu'un jour il a soulevé la question à la cafétéria ; il y a eu un long silence et puis quelqu'un a dit : "Et si on changeait de sujet." Pour eux, la meilleure chose à faire, c'était de ne pas y penser. Ils ne veulent même pas discuter des raisons favorables ou défavorables, ou se demander pourquoi les Québécois pensent de cette façon. L'absence de réaction à mon livre en 1980 relève de la même attitude. Le sujet n'est clairement pas le bienvenu. »

Il faut croire que, comme le chat échaudé qui craint l'eau froide, les médias canadiens ne veulent vraiment plus savoir ce qu'elle pense de l'indépendance du Québec. Ils avaient fait l'erreur de lui demander son opinion avant le référendum de 1980, et Jane Jacobs, après avoir fait de longues recherches, a répondu franchement que la souveraineté du Québec était la meilleure solution pour le Québec et pour le Canada. On ne lui donnera pas l'occasion de le dire une seconde fois. Aucun grand média canadien ne lui a donné la chance de s'exprimer sur la question pendant le référendum de 1995. Dix ans après le référendum, nous avons donc décidé de donner à ce grand penseur et esprit libre l'occasion de s'exprimer de nouveau sur le Québec, et ce, avant qu'elle nous quitte !

Jane Jacobs n'accorde plus beaucoup d'entrevues. Malgré ses quatre-vingt-neuf ans, elle a encore deux projets de livres qui, si le passé est garant de l'avenir, continueront à dominer

---

128. Pour apprécier l'importance de Jane Jacobs, notons que parmi les autres personnalités invitées à faire les « Massey Lectures » à CBC figurent John Kenneth Galbraith (1965), Martin Luther King (1967), Claude Lévi-Strauss (1977), Willy Brandt (1981), Carlos Fuentes (1984), Noam Chomsky (1988).

les palmarès et à troubler le ronron des satisfaits. Elle a accepté ma demande d'entrevue parce que celle-ci portait justement sur le Québec et sa pensée actuelle, dix ans après le référendum de 1995, vingt-cinq ans après la parution de son livre, et cent ans après la séparation de la Norvège de la Suède dont elle s'est beaucoup inspirée dans son livre sur le Québec.

Dans son livre de 1980, Jane Jacobs établit un parallèle convaincant entre la séparation pacifique de ces deux pays scandinaves et celle qu'elle préconise pour le Québec et le Canada. Au sujet de la Norvège et de la Suède, elle a écrit: « À son grand crédit, la Suède n'a, ni avant ni après, banni le *Storting* (Parlement norvégien) ou essayé de supprimer ses élections, tenté de censurer les débats ou de s'ingérer dans ses communications avec le peuple norvégien. Ce pays n'a pas empoisonné la vie politique norvégienne avec des espions ou des services secrets et il ne l'a pas corrompue par le chantage[129]. »

« Peut-on en dire autant du Canada anglais? » lui ai-je demandé. « Non! répond Jane Jacobs, sans hésiter. On ne peut pas le dire du Canada. Le moindre indice de révolte de la part du Québec a été soit acheté avec beaucoup de corruption [référence aux commandites] – ce qui arrive actuellement n'est pas nouveau – ou supprimé d'une façon ou d'une autre. Et très souvent cela a été fait en minant la confiance des Québécois en eux-mêmes. C'est exactement ce que Trudeau a fait. Il était passé maître dans cet art. Et, malheureusement, Lévesque avait si peu confiance en lui-même et en ses concitoyens québécois qu'il est tombé dans le piège en disant, mais oui, ce sera la ruine économique pour nous. Il n'avait pas confiance et il ne comprenait pas pourquoi les économies s'effondrent. En fait, elles s'effondrent pour des raisons très banales, pas pour de grandes raisons, du moins dans les pays occidentaux. En règle générale, c'est parce que les entrepreneurs investisseurs du moment ne veulent que répéter indéfiniment ce qu'ils font. Ils ne savent pas quand il faut arrêter. On ne peut pas faire ça. En bout de ligne, le boom domiciliaire, le boom automobile, ou ce qui fait bouger l'économie à un moment donné, ne trouve plus de clients. »

---

129. Jane Jacobs, *The Question of Separatism, Quebec and the Struggle over Sovereignty*, New York, Random House, 1980, p. 29. (Notre traduction; ce livre n'a jamais été publié en français!)

Revenant sur l'absence de réaction à son livre de 1980 sur la souveraineté du Québec, Jane Jacobs croit que c'est la peur qui l'explique.

«Ça, je le sais. Au cours des deux référendums de 1980 et de 1995, le sentiment général à cet égard a été que, si le Québec devait se séparer, le Canada se désintégrerait: la crainte qu'il n'y aurait plus d'identité canadienne. C'est ridicule, parce qu'il y a tant d'exemples de séparation et rien ne s'est désintégré, à moins qu'il y ait une guerre. Récemment, j'essayais de compter le nombre de cas de séparation. Sans mentionner ceux de l'Asie centrale, qui finissent toujours par "*stan*", il y a eu plus de trente exemples dans l'histoire récente, tous depuis que l'idée a mûri au Québec.»

«Nous devons donc nous demander ce qui se passe dans le monde. Ce n'est pas une coïncidence. Il s'agit d'un phénomène d'envergure, profondément enraciné. Qu'est-ce que ces pays ont en commun? Le monde n'a pas toujours été comme ça. Moi, je pense que les grandes unités politiques n'arrivent pas à satisfaire les peuples, lesquels ont l'impression d'avoir perdu le contrôle. Et ce qui semble les combler quand ils l'obtiennent, c'est la satisfaction d'avoir leur propre pays. Le calme revient, à moins qu'on ne s'y oppose par la force et la guerre. Les seuls États qui ne sont pas satisfaits d'une telle issue, ce sont ceux qui veulent tout contrôler. Ces États sont ceux qui peuvent vouloir faire la guerre.»

La prochaine question est évidente. Est-ce que Jane Jacobs perçoit le Canada comme «un État qui veut tout contrôler» (*a would-be controlling state*)?

«C'est sûr. Le Canada anglais a toujours voulu contrôler le Canada français. Le Canada anglais l'a conquis. Disons-le franchement: il s'agit d'un pays conquis, et les pays conquis n'oublient jamais ce qui s'est passé. Ni le conquérant ni le conquis n'oublie jamais vraiment. J'ai rappelé le cas de la Norvège et de la Suède, qui se sont comportés de façon merveilleusement civilisée. La guerre aurait pu éclater parce que la tension était très vive avant 1905. [...] Mais la guerre ne règle jamais ce genre de situation. Le vainqueur pense toujours qu'il l'a réglée par les méthodes violentes, mais ce n'est jamais vrai.»

Dans son livre le plus récent publié en 2004, *Retour à l'âge des ténèbres*, Jane Jacobs plaide vigoureusement pour la *subsidiarité*, principe voulant qu'un gouvernement fonctionne d'autant mieux – de la façon la plus intègre et la mieux adaptée possible – qu'il est proche des besoins auxquels il répond et des citoyens auxquels il assure des services, ainsi que pour la *responsabilité fiscale*, principe voulant que les institutions qui prélèvent les taxes et les impôts et dépensent les deniers publics fonctionnent le mieux lorsqu'elles font preuve de transparence à l'égard des contribuables[130]. Quoique son livre ne traite pas spécifiquement du Québec, Jane Jacobs insiste en entrevue sur le fait que les idées de la subsidiarité et de la responsabilité fiscale plaident en faveur de la souveraineté du Québec.

« Regardez à quel point l'incapacité du Canada de régler le problème du statut du Québec finit par corrompre tout le pays [référence aux révélations de la Commission Gomery]. L'une des façons dont le Canada anglais ou les autorités anglaises travaillent au Québec, c'est d'essayer de faire semblant que tout est réglé, ce qui n'est évidemment pas le cas, c'est de corrompre le Québec en voulant l'acheter. C'est ce qui leur semble le plus prometteur. [...] Or, lorsqu'on achète des gens, particulièrement quand on veut changer leurs principes et leurs valeurs profondes en les achetant, la transaction corrompt automatiquement à cause de sa nature même. Il faut les cajoler en les dupant. J'ai un ami qui a assisté aux travaux de la Commission Gomery à Montréal et qui a vu à quel point les Québécois étaient furieux. Ils se rendent compte qu'ils se sont fait rouler cette fois, comme tant de fois dans le passé. [...] Ça a été la politique du Parti libéral et cela continuera de l'être. C'est tout ce qu'ils savent faire.

« Par ailleurs, le gouvernement fédéral a besoin d'énormément d'argent et de largesses pour fonctionner de cette façon au Québec. Pour le faire, il ne pourra pas toujours y envoyer de l'argent sans limites, lequel provient principalement de la région de Toronto. Peut-être que vous trouverez mon idée farfelue, mais je pense que je sais comment ils vont procéder pour obtenir beaucoup d'argent et pouvoir le dépenser sans toutes ces pièces justificatives embarrassantes. Je pense qu'ils ont un plan national de casinos de financement. » En se fondant

---

130. Jane Jacobs, *Retour à l'âges des ténèbres*, Montréal, Boréal, trad. de l'anglais (Canada) par Lori Saint-Martin et Paul Gagné, 2005, p. 113.

sur des preuves anecdotiques et circonstancielles et en utilisant sa logique implacable, Jane Jacobs explique que le gouvernement du Canada voudrait probablement mettre la main sur la mine d'or que représenteraient les casinos et les autres emplacements de jeux de hasard situés dans des endroits tels que la *Toronto Island*, qui relèvent de son autorité, et dans un lieu similaire à Vancouver. Donc, que le Québec se le tienne pour dit!

La peur que le Canada disparaisse, la peur de se voir engloutir par les États-Unis expliquerait, selon Jane Jacobs, le refus même de considérer un quelconque changement de statut politique pour le Québec. Lorsque Jane Jacobs parle de la relation entre les États-Unis et le Canada, elle sait de quoi elle parle. En effet, elle est née aux États-Unis en 1916, mais elle a déménagé avec sa famille à Toronto, en 1968, parce que ses deux fils ont décidé qu'ils préféraient faire de la prison plutôt que d'aller au Viêtnam.

« Je pense que les Canadiens craintifs ont peut-être raison dans la mesure où les États-Unis pourraient essayer de profiter d'un affaiblissement du Canada pour prendre de l'expansion et intimider les Canadiens pour les obliger à accepter leurs ambitions. Les Américains sont irrités par le Canada parce que ce pays ne les a pas suivis en Irak. Mais la disparition du Canada est loin d'être faite! Les États-Unis ne réussiront que si le Canada devient si docile et si effrayé qu'il en arrive à se laisser faire. Si le Québec se sépare, le Canada ne disparaîtra que si les Canadiens abandonnent la partie. »

Jane Jacobs note qu'il arrive parfois que des peuples abandonnent la partie. D'ailleurs, elle compte aborder ce sujet dans son prochain livre qui portera sur les fondements de l'économie. « Je sens une certaine urgence. Vous savez que les gens ordinaires sont capables de réaliser des merveilles en économie sans même se rendre compte qu'elles sont merveilleuses. Le prochain stade économique est rarement planifié: il se produit tout simplement. Je voudrais faire comprendre que toutes les réalisations économiques de l'humanité sont l'œuvre de gens ordinaires, non pas de gens exceptionnellement instruits, d'élites ou de forces surnaturelles. Mais si les gens ne comprennent pas ça, ils se font facilement duper en se croyant incapables de faire ceci ou cela, ni eux ni personne qu'ils connaissent; en pensant qu'ils ne sont pas capables seulement parce qu'ils sont trop ordinaires.» Elle convient, du reste, que c'est ce qui a affaibli René Lévesque.

La série d'émissions radiophoniques de Jane Jacobs à la CBC en novembre 1979 portait le titre: *Les villes canadiennes et la souveraineté-association.* En plus de s'inspirer de la séparation de la Norvège de la Suède, Jane Jacobs conclut à la nécessité de la souveraineté du Québec en se fondant sur son analyse des villes et de la richesse des nations, sujet qu'elle a approfondi, en 1984, en publiant un livre important intitulé: *Les villes et la richesse des nations. Réflexions sur la vie économique*[131]. La relation difficile mais inéluctable entre Montréal et Toronto l'a amenée à soutenir le OUI à la souveraineté-association en 1980. Comme une clairvoyante, elle prévoyait déjà la lente régionalisation de Montréal par rapport à la «métropole» de Toronto. En effet, la relation entre l'aéroport international de Toronto et l'aéroport «international» de Montréal en est une métaphore excellente – l'aéroport Trudeau à Montréal n'est qu'un aéroport satellite qui alimente celui de Toronto!

Son argumentation sur le rôle des villes par rapport à la richesse des nations est extrêmement éclairante pour les souverainistes. Plus précisément, sur la richesse de Montréal et du Québec et celle de Toronto et du Canada, Jane Jacobs écrit ceci:

«En somme, Montréal ne peut se permettre de se comporter comme d'autres villes régionales au Canada sans causer un tort énorme au bien-être de tous les Québécois. Montréal doit devenir un centre économique créateur en soi. Cela veut dire que Montréal doit créer de nouvelles entreprises, dont certaines commenceront à produire une vaste gamme de produits, aujourd'hui importés d'autres pays ou d'autres régions du Canada, et qui généreront de nouveaux produits et services qui pourront être vendus à l'extérieur, comme à l'intérieur, de Montréal et du Québec...

«Or, il n'y a probablement aucune chance que cela se produise tant que le Québec demeurera une province du Canada. Les banquiers, politiciens et fonctionnaires canadiens, captifs de l'enchantement de l'exploitation des ressources naturelles, des succursales clés en main et des projets technologiques

---

131. Janes Jacobs, *Les villes et la richesse des nations. Réflexions sur la vie économique*, trad. de l'anglais par Suzanne Mineau, Montréal, Boréal, 1992.

grandioses, ne pourront pas répondre aux demandes économiques très différentes de Montréal. Les croyances et les pratiques partagées au Canada ne changeront pas seulement parce qu'une ville, Montréal, et une province, le Québec, ont un besoin criant de changement[132].»

Dans son livre *Les villes et la richesse des nations*, Jane Jacobs cite plusieurs exemples européens. La Grande-Bretagne a été l'exemple parfait d'un pays où les biens et services produits par les villes ont été exportés avec succès. Cependant, seule Londres a pu développer une véritable région urbaine, tandis que Glasgow, Manchester, Birmingham, Liverpool, Bristol, Édimbourg et d'autres sont devenues «passives et provinciales avec les années». Il en va de même pour l'Italie où la domination économique de Milan n'a cessé de croître, au détriment de Rome, de Naples et des autres, malgré des subventions visant à partager la richesse entre le nord et le sud de l'Italie ; et pour la France, où la seule véritable ville avec une région urbaine d'importance est Paris, contrairement à Marseille, Lyon, Lille, Bordeaux, Toulouse et d'autres. Elle oppose le modèle de ces pays, qu'elle décrit comme «typiquement un phénomène national», au modèle de la Scandinavie, dont la population des quatre pays réunis demeure bien en deçà de celle de la France. «Mais alors que le sud de la France ne possède pas de région urbaine, chaque pays scandinave – la Finlande, la Suède, la Norvège et le Danemark – a réussi à avoir une région urbaine d'importance[133].»

C'est sous l'angle de la régionalisation ou de la provincialisation de Montréal par rapport à Toronto qu'il faut voir, entre autres, le fiasco de Mirabel, et tout ce que représente, sur le plan économique, la perte d'un aéroport vraiment international. Rappelons les documents officiels justifiant la construction de l'aéroport de Mirabel. À la fin des années 1960, lorsque Pierre Elliott Trudeau est devenu premier ministre du Canada, Montréal était, et devait demeurer, textuellement, «la porte d'entrée du trafic aérien au Canada et géant du transport à 60 minutes de vol de New York, 3 heures de Nassau, 6 heures de Paris, Bruxelles ou Madrid». Or, sous le règne de Pierre Trudeau

---

132. Jane Jacobs, *The Question of Separatism, op.cit.*, p. 23.

133. Jane Jacobs, *Les villes et la richesse des nations, op.cit.*, p. 205.

et en raison de l'emprise du transporteur «national» Air Canada et de la logique de Toronto «métropole nationale du Canada», Montréal est passée du statut de plaque tournante du trafic aérien au Canada à celui de satellite ou fournisseur de la vraie plaque tournante, l'aéroport Pearson à Toronto. Par conséquent, même si Montréal n'a pas bougé, Montréal se trouve aujourd'hui non pas à 6 heures, comme on le disait pendant les années 1960, mais à 10 heures de Madrid, Barcelone ou Milan, parce qu'il faut aller vers l'ouest d'abord et passer par Toronto avant de s'y rendre.

Vu sous cet angle, le nom Pierre Elliott Trudeau donné à l'aéroport de Dorval est peut-être un meilleur symbole temporaire qu'on ne le pensait: celui qui aura consacré sa vie à inféoder Montréal et tout le Québec aux intérêts de Toronto voit son nom accolé à un aéroport presque insignifiant, inféodé à celui de Toronto.

L'économie des villes, comme Jane Jacobs la décrit et qui fait de Toronto la métropole avec en arrière-pays la ville régionale de Montréal et tout le Québec, explique aussi l'annonce faite, le 10 août 2004, par le ministre des Transports du Canada, l'ineffable Jean Lapierre. Celui-ci a annoncé qu'il transformerait la piste d'atterrissage de La Macaza, près de Mont-Tremblant, en aéroport international de La Macaza, afin de faciliter l'accès direct à Mont-Tremblant pour des villes importantes comme Toronto et New York. Montréal se fait ainsi effacer de la carte de voyage au profit des plaques tournantes de Toronto et de New York!

Les exemples de la régionalisation économique de Montréal au profit de Toronto sont légion. On n'a qu'à regarder tous les produits que nous utilisons pour voir à quel point Montréal est devenue une région économique dépendante de Toronto. Pensons aussi à la fermeture, en 1999, de la Bourse de Montréal pour tout ce qui concerne les marchés des actions et des obligations. On a invoqué une «réorganisation» des Bourses canadiennes: Montréal obtenait l'exclusivité des produits dérivés, tandis que Calgary et Vancouver recevaient le marché des petites capitalisations. Or, depuis cette réorganisation, selon Michel Nadeau, Toronto a récupéré le marché des petites capitalisations des villes de l'Ouest canadien et s'apprêtait à mettre la main sur celui des produits dérivés, très réussi à

Montréal depuis 1999, même si Toronto n'a réalisé qu'une performance peu reluisante en termes du volume des titres canadiens inscrits et du marché des obligations[134].

Une tendance semblable se ferait sentir aussi dans le domaine des sciences biomédicales, domaine dans lequel Montréal a toujours eu une longueur d'avance sur Toronto. Selon *La Presse Affaires*, Toronto se donne tous les outils pour devenir un pôle continental et, ainsi, déclasser Montréal dans ce domaine, notamment avec un énorme complexe biomédical au cœur de la ville[135]. Ce projet jouit de l'appui financier de la plus grande banque canadienne, la RBC, ainsi que des gouvernements canadien, ontarien et torontois. Une fois ce complexe établi, jumelé aux grappes industrielles qu'il engendrera, quel dirigeant du gouvernement du Canada, quel banquier torontois osera intervenir pour soutenir et promouvoir cet autre pôle continental que Montréal veut être? La logique de la métropole torontoise et de ses régions, incluant Montréal, l'emportera sur les besoins spécifiques de Montréal et du Québec.

Vingt-cinq ans après avoir publié son livre, Jane Jacobs a-t-elle toujours la même analyse, la même conviction à propos de Montréal, du Québec, de Toronto et du Canada? «Oui, absolument.» Selon elle, Montréal doit devenir semblable aux grandes villes d'Europe, comme Paris, Copenhague, Stockholm, Berlin, qui jouent un rôle primordial grâce à leur indépendance politique et au fait qu'elles ne dépendent que d'elles-mêmes. «Les villes ne prospèrent jamais seules. Elles doivent échanger avec d'autres villes, mais elles ne peuvent être à deux stades de développement différents en même temps [...]. Les villes régionales, ou ce que j'appelle les villes des régions-ressources, sont comme dans la situation terrible des empires. Les empires veulent avoir le monopole du commerce avec leurs propres villes.»

Est-ce que la relation entre Toronto et sa région, et Montréal, ressemble à celle d'une métropole impériale avec une ville de son empire? «Oui! répond Jane Jacobs, encore

---

134. Michel Nadeau, *La Presse Affaires*, 16 mai 2005, p. 5.

135. «Sciences biomédicales, Toronto s'outille pour déclasser Montréal», *La Presse Affaires*, 16 mai 2005, p. 4.

sans hésiter. Le problème est aussi causé par la devise canadienne, ajoute-t-elle. Toronto établit la valeur de la devise canadienne, et cela se fait automatiquement au détriment des villes avec lesquelles cette ville fait du commerce.» Jane Jacobs demeure une partisane convaincue de l'établissement d'une devise québécoise, sujet que nous n'avons malheureusement pas eu le temps d'approfondir, mais qu'elle a développé dans son livre de 1980 sur le Québec.

En 1995, les Québécois se sont ralliés autour du slogan «Oui, et ça devient possible!» Pour Jane Jacobs, les possibilités sont énormes, notamment pour les municipalités québécoises, les banlieues et les ensembles urbains. Ce qui n'est pas possible maintenant le deviendrait parce que ces municipalités auraient le pouvoir détenu dans le régime actuel par les provinces. «Avec un palier de gouvernement en moins, la municipalité se retrouverait au deuxième niveau. Cela ouvrirait la porte à de nouvelles façons de faire et de régler toutes sortes de problèmes pratiques des municipalités québécoises.» Cette analyse d'un grand penseur du développement économique des régions et des villes rejoint celle de tous ceux qui préconisent la décentralisation au Québec. Une telle décentralisation est illusoire dans le Québec «provincial» tout simplement parce que le Québec n'a ni les pouvoirs ni les moyens pour la réaliser.

En juin 2005, *La Presse* a invité ses lecteurs à proposer des idées pour assurer la prospérité de la ville de Montréal et de sa région. Si ce quotidien avait posé la même question à une sommité mondiale en urbanisme et en développement économique des villes, elle aurait répondu: la solution, c'est la souveraineté du Québec!

Les idées de Jane Jacobs sur les villes et la richesse des nations, sur Toronto et Montréal, peuvent non seulement aider les Québécois à comprendre ce qui se passe au Canada, mais aussi leur fournir de nouvelles stratégies politiques et économiques. Observer que la grande région de Montréal est politiquement très divisée dès qu'il est question de l'avenir du Québec est devenu un cliché. On peut colorier en rouge et en bleu, les yeux fermés, les secteurs favorables et défavorables à la souveraineté dans la région métropolitaine de Montréal. Mais, l'attachement des résidants et des gens habitant la banlieue pour la ville de Montréal, quels que soient le secteur habité, la langue parlée ou l'origine ethnique, est très fort malgré ce qu'en disent certains sondages. Peu de grandes villes peuvent compter sur une affection et une fidélité aussi fortes. Toronto ne peut certainement pas en dire autant. Combien de personnes à Montréal, surtout parmi les communautés juive, italienne, grecque et même anglaise qui ont de la difficulté à choisir entre leur identité canadienne et québécoise, coupent la poire en deux en se déclarant avec fierté : je suis montréaliste !

Par conséquent, si on peut montrer que l'avenir, la pérennité, la prospérité et la croissance économique et culturelle de Montréal passent nécessairement par la souveraineté du Québec, comme Jane Jacobs l'a démontré en 1980 et l'a répété en entrevue en 2005, une grande partie des craintes de la population disparaîtrait. Ce serait aussi une façon de montrer aux anglophones du Québec que la souveraineté du Québec représente une option intéressante pour l'économie et l'emploi, et beaucoup plus intéressante que l'option du départ du Québec. De plus, toutes les menaces économiques et politiques que des échevelés canadiens pourraient proférer contre le Québec tomberaient à plat.

Pour ce qui est des menaces, d'ailleurs, Jane Jacobs réaffirme ce qu'elle a écrit en 1980 sur la réaction du Canada à l'égard du Québec advenant un vote pour l'indépendance : « C'est inutile de se leurrer sur un éventuel embargo commercial canadien contre un Québec indépendant, un peu à l'instar de celui des États-Unis contre Cuba après la révolution cubaine. Un tel geste entraînerait des privations économiques intolérables pour tout le monde. » Elle ajoute : « Le sain commerce exige un certain degré d'indépendance des parties concernées. [...] Un contexte commercial gagnant peut devenir perdant pour tous. Surtout lorsque des gens prennent du plaisir à faire la guerre contre d'autres. Ils deviennent ainsi très médiocres sur le plan commercial. Au lieu de trouver une solution favorable à tous, tout ce qu'ils veulent, c'est dominer. Et ce qui peut être une solution gagnante pour tous, comme pour le cas du Québec et du Canada, devient alors une solution perdante pour tous. »

Il n'est pas surprenant que Jane Jacobs, qui a vu passer presque tout le XXᵉ siècle, aborde les sujets actuels avec une perspective historique. Elle est donc peu impressionnée par, la nouvelle tendance à utiliser, à toutes les sauces, le terme « mondialisation » pour décrire l'économie moderne. Selon elle, rien n'a changé quant à la nécessité de la souveraineté. « Les gens ignorent les fils conducteurs de la vie économique depuis les périodes préhistoriques. La mondialisation est l'un des premiers phénomènes que nous avons connus. Cela a recommencé autour de 1200, après l'époque médiévale, reprenant ainsi les pratiques commerciales de l'époque classique. Les économistes, politiciens et autres qui parlent toujours de mondialisation aiment à penser que tout a changé. De cette façon, ils peuvent oublier leurs erreurs et éviter de les expliquer. »

Dix ans après le référendum de 1995 et vingt-cinq ans après celui de 1980, Jane Jacobs arriverait-elle à la même conclusion qu'en 1980 ? Répéterait-elle avec tant de clarté, de cohérence et de conviction ce qu'elle a écrit à ce moment-là ? « Oui ! Ce n'est pas parce que c'est dans ma tête, mais parce que c'est comme ça que le monde est fait. Et ces observations tiennent toujours. »

Étant donné que Jane Jacobs maintient les positions qu'elle a prises en 1980 et dont personne n'a voulu se faire l'écho en 1995, terminons par ces deux citations percutantes.

« Le dilemme qui consiste à conjuguer la dualité du Canada français et du Canada anglais, et une fédération de dix provinces, demeure insoluble. Adopter la théorie voulant que le pays est constitué de deux peuples très inégaux en termes de nombre, mais égaux, ou presque, en termes de pouvoirs sur le pays, rend la fédération non fonctionnelle. Mais retenir l'idée d'une fédération fonctionnelle signifie que les demandes du Québec pour l'égalité avec le Canada anglophone dans l'organisation gouvernementale ne peuvent être satisfaites[136]. »

Et sur le potentiel d'un Québec indépendant :

« Comme nous le savons, la dépendance est débilitante. Sa contrepartie est parfois aussi vraie. C'est-à-dire que parfois l'indépendance libère des efforts de tous genres, dégage des sources d'énergie, d'initiative, d'originalité et de confiance en

---

136. Janet Jacobs, *op. cit.*, p. 89 (notre traduction).

soi jusque-là inexploitées. C'est l'expérience, par exemple, de la Norvège quand elle s'est séparée de la Suède au début du xxᵉ siècle[137]. »

---

137. *Ibid.*, p. 25 (notre traduction).

14

« EUX, ILS SUIVENT L'ARGENT ! »

*Encroûter l'âme nationale d'un peuple dans un passé pittoresque et inoffensif
parce que suffisamment falsifié est un procédé classique de domination.*
CHEIKH ANTA DIOP, *Nations nègres et culture*

Qui, dans la foulée du référendum de 1995, n'a pas vu pousser comme de la mauvaise herbe les drapeaux canadiens? Des grands, des petits, des stylisés, des symboliques, il y en avait pour tous les goûts. Grâce à l'acharnement des souverainistes et de tous les Québécois qui tiennent le moindrement à leur dignité, nous avons réussi à en savoir un peu plus sur cette opération visant à corrompre tout le Québec, opération qu'on nomme le «scandale des commandites». Les anecdotes sur les drapeaux et sur la guerre que menait l'État canadien durant cette période sont aussi répugnantes que nombreuses: répugnantes parce que l'objectif a été, depuis le référendum de 1995, de corrompre, au moyen d'argent et de privilèges, ce qui constitue la moelle épinière d'un peuple, son identité.

Comme bénévole dans les réseaux québécois de patinage de vitesse et de natation, deux sports que trois de mes enfants ont pratiqués de 1992 à 2004, j'ai pu en voir les effets navrants. En 1995, la très grande majorité des familles dont les enfants faisaient du patinage de vitesse courte piste était souverainiste. C'est un sport où, depuis les exploits de Gaétan Boucher à Sarajevo en 1984, les Québécois se classent toujours parmi les meilleurs du monde. La fierté québécoise est palpable dans ce milieu. Mais voilà que, après le référendum, commençaient à apparaître, dans tous les arénas du Québec, de grandes banderoles rouge vif affichant feuille d'érable et Logo Canada™, un peu comme l'image de marque publicitaire de Coke, de Pepsi ou de McDonald's. Ça ne se limitait pas aux banderoles : les meilleurs athlètes se faisaient offrir des monopièces de compétition en lycra, ou *skin suits*, sur lesquelles on voyait en très grand la feuille d'érable et le Logo du Canada™. En plus des monopièces en lycra conçues par les meilleurs designers de mode, les athlètes et entraîneurs de haut niveau recevaient des manteaux décorés aussi d'une feuille d'érable et du Logo du Canada™. Vêtements de sport, mais aussi soutien financier, quoique modeste, pour ces aspirants athlètes olympiques : les chèques étaient eux aussi ornés d'une feuille d'érable. Pour certains, même si l'âme et le cœur du patinage de vitesse se trouvaient au Québec, le summum était un billet vers la mecque du sport canadien, créée de toutes pièces, la ville de Calgary : peu importe si l'obligation de s'exiler rompait les liens familiaux et la poursuite des études, si importants dans la vie des jeunes athlètes. Par ailleurs, on comprend mieux maintenant pourquoi, à l'extérieur du Québec, personne ne voulait entendre parler du projet de tenir les Jeux olympiques à Québec en 2002 : toute l'identité québécoise aurait été dopée.

L'objectif de cette opération de corruption identitaire, financée à grands frais, alors que le patinage de vitesse souffre toujours d'un manque d'argent, était d'embrigader une cohorte de jeunes athlètes comme hommes/femmes-sandwiches du Canada™, sinon comme crieurs publics pour le Canada™.

L'émulation est vitale en sport, particulièrement chez les jeunes. Pour les jeunes qui pratiquent un sport, comme pour leurs parents, les athlètes olympiques et d'autres grands athlètes dégagent une aura de réussite et de bien-être. À partir de 1995, cette aura sera obligatoirement unifoliée et canadienne : elle ne pouvait plus être québécoise, comme elle avait pu l'être lorsque Gaétan Boucher a remporté ses médailles olympiques en 1984. Imaginons l'effet schizophrénique que cette opération de création d'image de marque canadienne peut avoir eu sur les esprits et les cœurs de ces jeunes athlètes québécois âgés de 8 à 20 ans. Même s'ils se sentaient pleinement québécois, l'argent et la réussite passaient inévitablement par le Canada™, ce qui ne leur laissait qu'un choix : rentrer dans le rang et vendre leur âme à la cause du Canada™.

La question fondamentale est la suivante : qu'est-ce que ça peut bien faire au Canada que les Québécois et les Québécoises veuillent s'identifier au Québec, qu'ils souhaitent voir leurs athlètes affronter les meilleurs du monde tout en portant les valeurs et les couleurs du Québec ? La réponse se trouve dans cette anecdote racontée par une fédéraliste québécoise qui s'est rendue de bon gré au mal nommé *love-in* du 27 octobre 1995 – là où le mauvais pli a vraiment été pris. Ayant humé l'atmosphère de cette « marche d'amour », elle en est repartie troublée, se sentant agressée : « Nous avons quelque chose que, eux, ils voudraient nous enlever », a-t-elle observé. À notre sens, ce quelque chose est le pays même du Québec et les rêves qui l'inspirent !

Si les principes de transparence, d'honnêteté, de responsabilité fiscale, de subsidiarité et de droit régissaient l'État canadien, au lieu de l'obscurantisme, de la malhonnêteté, de l'autocratie fiscale et du mépris du droit, comme c'est le cas, nous n'aurions pas eu à attendre dix ans et la création de la Commission d'enquête publique Gomery pour découvrir les aspects sordides du programme des commandites. Dès 1997 et 1998, les médias canadiens commentaient, sans condamnation aucune, la mise en place d'une opération de guerre de propagande. À titre d'exemple, Hugh Winsor, chroniqueur influent du *Globe and Mail*, s'est posé la question suivante, le 30 mars 1998 : « La propagande est-elle justifiée lorsque vous êtes en guerre contre un ennemi sophistiqué [le Québec] ? » Winsor répond allègrement que oui, la propagande est justifiée et ajoute : « Ce sont des questions sérieuses qu'un groupe restreint comprenant le premier ministre Jean Chrétien, ses ministres importants et ses conseillers, est actuellement en train de discuter secrètement mais vigoureusement. Les enjeux débordent sur les moyens de promouvoir l'identité canadienne, particulièrement parmi les Québécois, et sur le degré d'intensité de la guerre que le gouvernement fédéral mène contre le gouvernement du Parti québécois[138]. » Déjà la fin justifiait les moyens aux yeux de ce chroniqueur du *Globe*.

Nous connaissons la suite, du moins en partie : enrober de l'unifolié rouge vif tout ce qui peut être, de près ou de loin, québécois; tout le monde y passe, de Samuel de Champlain à Mario Lemieux, en passant par Louis Riel, Maurice Richard, Céline Dion, Marc Gagnon, même Papineau et les Patriotes ne sont pas laissés pour compte. L'État canadien avec ses tentacules a même essayé d'«encanadianiser» la Fête nationale du Québec, qu'ils appellent affectueusement *St. John the Baptist Day*. En 1998, se trouvant, comme toujours, à court d'argent pour les célébrations du 24 juin, le Comité de la Fête nationale, dont les bureaux étaient situés dans l'immeuble de la Société Saint-Jean-Baptiste au 82, rue Sherbrooke Ouest à Montréal, reçoit un coup de fil du bureau de l'immeuble d'en face, au 81 Sherbrooke Ouest, siège d'abord du Groupe Everest et ensuite de Groupaction. Vous avez besoin d'argent pour la fête de la Saint-Jean? Nous avons un commanditaire fiable qui est prêt à vous donner 60 000 $ tout de suite, mais il faut discuter de visibilité. Ce commanditaire était nul autre que le gouvernement du Canada! Inutile de dire que l'offre a été refusée[139].

Les commandites n'étaient que la pointe de l'iceberg de la vaste opération de corruption des esprits dont le point de départ avait été le mal nommé *love-in*. Heureusement, les langues se délient, parfois même plus tôt qu'on ne l'aurait pensé. Sheila Copps, grande chef de l'agitation et de la propagande procanadienne pendant 10 ans, a gracieusement accepté de nous en parler.

Sheila a choisi la date du 15 février 2005 pour nous accorder une entrevue sur son rôle lors du référendum québécois de 1995 et durant les années qui ont suivi[140]. Était-ce une coïncidence

---

138. «Is propaganda justified if you are at war against a sophisticated enemy (Quebec)? [...] These are the key questions secretly but vigorously being debated at the moment among a small group, including Prime Minister Jean Chrétien, his senior ministers and advisors. At stake are the broader questions of how to promote Canadian identity, especially among Quebeckers, and how vigorously the federal government should fight the Parti québécois government.», *The Globe and Mail*, 30 mars 1998.

139. Entrevue avec Guy Bouthillier, alors président du Comité de la Fête nationale et président de la Société Saint-Jean-Baptiste de Montréal, 8 octobre 2004.

140. À moins d'indication contraire, toutes les citations de Sheila Copps sont tirées de l'entrevue que l'auteur a réalisée avec elle le 15 février 2005. L'entrevue s'est déroulée en anglais mais, pour alléger le texte, les citations sont généralement traduites. En revanche, pour bien saisir sa pensée, certaines citations sont présentées textuellement en anglais.

que l'entrevue ait eu lieu le jour du 40e anniversaire de l'adoption du drapeau canadien unifolié? Peut-être pas, même si Sheila Copps se vante d'être une «étudiante de la symbolique». Ce drapeau canadien, elle l'a servi, salué et distribué, elle l'a imposé, elle l'a fait mettre sur nos écrans de télévision, dans nos films, dans quantité de publications, sur le front de nos artistes, sur les mâts de tous nos festivals et même chez McDonald's – nous ne pouvons qu'imaginer la taille de l'iceberg dont nous n'avons vu que la pointe – mais, malheureusement pour elle, ce drapeau n'a peut-être pas réussi à percer universellement nos cœurs. En retour pour son noble et vaillant dévouement à ce drapeau du «*country that she loves so much*», elle s'est vu jeter dehors du gouvernement par ses plus proches collègues. Elle dit qu'elle n'en garde aucune rancune: j'en doute.

Se voulant femme du peuple, championne du monde ordinaire, et surtout de «ses métallos» de Hamilton, elle a tout naturellement proposé une rencontre dans un très ordinaire Second Cup situé dans un centre commercial d'Ottawa. La rencontre a tout de même eu lieu à deux pas du Parlement canadien où, 40e anniversaire oblige, son drapeau unifolié flottait massivement et majestueusement. Ce serait, toutefois, très mal comprendre le travail de sape de l'identité québécoise auquel Mme Copps s'est livrée avec acharnement que de résumer son rôle pendant onze ans au gouvernement du Canada (1993 à 2004) à celui de distributrice officielle de petits drapeaux canadiens.

La force de la souriante Sheila se trouve dans ses convictions, ou dans SA conviction, car elle n'en a qu'une, celle en faveur du CANADA – les millions de dollars qu'elle avait à utiliser ne lui ont certainement pas nui –, et sa faiblesse dans sa condescendance de populiste, cette condescendance de tous les populistes qui, fondamentalement, méprisent le peuple en ne lui attribuant qu'une capacité caricaturale de comprendre les grands enjeux de la société et les sujets d'actualité. À chaque question politique difficile posée sur elle ou sur le gouvernement canadien, Sheila Copps se réfugiait derrière «ses métallos à Hamilton» (*my steelworkers in Hamilton*) ou encore derrière le monde ordinaire qui ne peut ni ne veut comprendre la Constitution, les débats sur les systèmes de gouvernements, la sémantique. Son «monde ordinaire» à elle n'y comprend rien ou ne s'y intéresse pas.

Sa condescendance de populiste déteint sur sa relation avec le Québec et l'explique. Sheila dit avoir appris le français par « choix de carrière ». Par conséquent, les Québécois et les Québécoises doivent lui en être éternellement reconnaissants et, surtout, écouter ce qu'elle a à dire – écouter dans le sens de l'enfant qui doit écouter sa mère, sinon… Condescendante aussi, parce que le monde ordinaire québécois, comme elle l'imagine, ne s'intéresserait pas aux questions politiques soulevées par l'élite politique du Québec. Pour Sheila, cette élite politique inclut tout le monde, allant des journalistes aux artistes, en passant par les politiciens, qu'ils soient du Parti libéral du Québec, du Parti québécois ou de l'ADQ. Par conséquent, le sens de collectif anonyme qu'elle donne au mot « *they* », dans des phrases prononcées avec dédain comme « *they want to be a distinct society, they want to be a nation, it's a moving target, they'll never be satisfied*[141] », engloberait davantage tous les « *French* » que simplement « *the separatists* », un peu comme ces gens odieux qui généralisent tout et qui disent « ils (les Juifs) font ceci, ils (les Noirs) font cela ». Sa condescendance rappelle aussi cette vieille croyance, autrefois très chère au Nouveau Parti démocratique du Canada, selon laquelle la question de la langue des chèques de paie n'est d'aucun intérêt pour le « monde ordinaire ».

Dans les gouvernements de Jean Chrétien, Sheila Copps a d'abord été vice-première ministre et ministre de l'Environnement de 1993 à 1996, avant d'être nommée ministre du Patrimoine canadien en janvier 1996, un peu plus de deux mois après le référendum. Jean Chrétien voyait en elle une sorte de pit-bull de l'identité canadienne, après le passage peu glorieux de Michel Dupuy dans ce ministère névralgique. Sheila ne décevra pas son patron ni son Canada.

Ce serait un euphémisme que de dire que le ministère du Patrimoine canadien a le bras long. Il supervise toutes sortes d'organismes, de fonds, de programmes et de sociétés d'État. En voici une liste écourtée: le Conseil de la radiodiffusion et des télécommunications canadiennes (CRTC), l'Office national du film du Canada, Condition féminine Canada, le Conseil des Arts du Canada, le Musée canadien des civilisations, le Musée des

---

141. « Ils veulent être une société distincte, ils veulent être une nation, c'est une cible qui bouge, ils ne seront jamais satisfaits. »

sciences et de la technologie du Canada, la Société Radio-Canada (SRC), Téléfilm Canada, Sport Canada, les Symboles du Canada, toutes les plaques commémoratives par le biais de la Commission de lieux et monuments historiques, le Programme d'aide au développement de l'industrie de l'édition (PADIÉ), le Fonds de développement des industries culturelles, les Prix littéraires du Gouverneur général, le Fonds canadien de télévision, le Programme d'aide aux publications (PAP), le Fonds du Canada pour les magazines (FCM). Bref, ce ministère est incontournable pour qui veut travailler dans le domaine culturel au Québec; et ce ministère est épaulé par l'institution impériale du gouverneur général, poste occupé par Michaëlle Jean.

Une fois à la tête de ce ministère, Sheila a tout chambardé, et elle s'en vante: «*In my Department, and none of this has been written about, I said: Look your mission statement in the morning is "Did I build Canada today?" I don't really give a damn about the Canada Council. [...] In book publishing, for example, they* [les fonctionnaires] *see their mandate as supporting books. I see my mandate as building Canada.*» (Dans mon ministère, rien n'a été écrit à ce sujet, je leur ai dit: votre mission chaque matin est «Est-ce que j'ai bâti le Canada aujourd'hui?» Je m'en fous du Conseil des Arts. [...] Dans le monde de l'édition, ils [les fonctionnaires] voient leur mandat comme un appui à l'édition de livres. Moi, mon mandat est de bâtir le Canada.) Autrement dit, après le référendum de 1995 et l'arrivée de Sheila, tous les fonctionnaires du ministère du Patrimoine et des organismes relevant de ce ministère avaient la mission de bâtir le Canada, non pas de soutenir le cinéma, la musique, la littérature, les arts de la scène, et ainsi de suite.

Comment a-t-elle procédé pour bâtir son Canada? «Contrairement au Programme des commandites et à l'histoire de la Commission Gomery, poursuit Mme Copps, le ministère du Patrimoine canadien a joué un rôle énorme et a travaillé autrement. Mais l'argent a été bien géré, il n'y a pas eu de scandale, et personne ne sait ce qu'on a fait. Vous remarquerez que le mouvement séparatiste avait le monopole sur les artistes, mais que ce monopole n'existe plus. [...] En général, jusqu'au moment où nous avons commencé à travailler sur ces questions, les artistes étaient prêts à se séparer du Canada. C'était difficile d'en trouver pour participer aux célébrations canadiennes.

« Ça demande une stratégie à long terme. J'ai réécrit tous les programmes et toutes les ententes de subvention du ministère. Au Québec, ils voulaient une enveloppe qu'ils pourraient distribuer. J'ai dit : non ! Nous dépensons beaucoup d'argent par le biais de l'ONF, du Conseil des Arts, et des autres. Jamais Coca-Cola ne participerait à des programmes de ce genre. Toutes les ententes devaient préciser la façon dont la contribution serait reconnue. [...] Aussi, j'ai dit qu'il n'y aurait pas de subvention à moins qu'il y ait au moins trois provinces qui participent à tel festival ou tel événement. Donc, plus d'appui aux identités strictement régionales. » Pour Sheila Copps, le Québec est une identité « régionale ».

« Au ministère, nous ne créons pas le talent, dit Sheila Copps. Mais nous créons les programmes avec les dispositions nécessaires. *Nous créons les programmes, eux, ils suivent l'argent !* Maintenant, les artistes ont un intérêt personnel et financier dans le fait d'appartenir à un pays plus grand. » (*We create the programs and they follow the money.* [...] *So they now have a self-interest in being part of a bigger country.*)

Rarement l'eut-on exprimé si crûment et si brutalement : « Nous créons les programmes, eux, ils suivent l'argent ! » Sheila Copps précise qu'elle a agi de cette façon pour ce qui concerne la musique avec l'ADISQ, la télévision avec le Fonds canadien de télévision, le cinéma avec l'ONF et Téléfilm Canada, tous les festivals, la littérature et l'édition avec le Conseil des Arts et d'autres programmes. Il est à espérer que tous ces artistes qui prétendent que la provenance de l'argent importe peu pourvu que la culture progresse arrêteront de se faire berner, et de nous leurrer, en apprenant comment la ministre canadienne les prenait pour des dupes.

Sheila Copps est une échevelée, me dira-t-on. Soit. Mais tout échevelée qu'elle soit, elle incarne une façon de penser le Québec très courante et populaire au Canada, surtout dans les rangs du NPD et du Parti libéral du Canada. Sheila Copps insiste sur le fait que le Québec n'est pas davantage une nation que l'est sa ville de Hamilton, et l'est beaucoup moins que le sont les Algonquins ou les Cris. Selon elle, l'identité et la culture québécoises ne sont qu'un phénomène régional dans un grand ensemble canadien francophone. « Ce n'est pas la culture québécoise ! C'est la culture francophone ! » Toute aspiration, tout rêve de faire autre chose du Québec doit être supplanté par son rêve pour le Canada. «La bataille pour le cœur des Québécois n'était pas juste une question de drapeau. C'était aussi une question de participer à la réalisation d'un plus grand rêve, le rêve du Canada. Et au cœur de ce rêve régnait la culture[142].»

***

Le 6 avril 2004, j'ai eu l'honneur et le privilège de partager la tribune avec Cynthia McKinney, représentante démocrate de Géorgie au Congrès américain, et de traduire ses propos en français lors d'une conférence sur le 10ᵉ anniversaire de la tragédie rwandaise, tenue à la Sorbonne, à Paris, et devant le Club africain à l'Assemblée nationale de France. À deux reprises, la question suivante a été posée à cette combattante remarquable: «Qu'en est-il actuellement de ce mouvement de défense des droits des Noirs qui avait tellement marqué les États-Unis et le monde dans les années 1960 et 1970?» Sa réponse a été tranchante: «*They've been beaten down or bought off!*» que j'ai traduit tant bien que mal par: «Ils ont été écrasés ou achetés!» Cynthia McKinney a poursuivi en démontrant comment les Martin Luther King, Malcolm X et tant d'autres leaders avaient été éliminés, emprisonnés ou intimidés, tandis que d'autres étaient achetés et corrompus pour refléter une image de progrès, ce qui expliquerait les nominations de Colin Powell et de Condoleeza Rice.

«Écrasés ou achetés», deux volets d'une même politique américaine, qui, toutes proportions gardées, a été appliquée aussi, et avec entêtement, par le Canada contre le Québec, au moins depuis les années 1960. En avons-nous saisi l'ampleur? En avons-nous vu toutes les ramifications? En particulier dans le domaine culturel.

Denise Boucher connaît mieux que quiconque cette politique canadienne: «Écraser ou acheter.» Écrivaine, poète et dramaturge, elle se trouvait parmi les 500 personnes,

---

142. Sheila Copps, *La batailleuse*, Montréal, Boréal, 2004, p. 155.

dont beaucoup d'artistes, arrêtées sans accusations et détenues au secret en 1970 en vertu de la Loi sur les mesures de guerre. Elle a passé six jours à la prison de Parthenais et quatre à celle de Tanguay. Denise Boucher a également été présidente de l'Union des écrivaines et écrivains québécois (UNEQ) de 1998 à 2000, au moment où la politique de *nation-building* et le Programme des commandites battaient leur plein. L'UNEQ, rappelons-le, s'était prononcée pour le OUI en 1995 et avait même publié et diffusé la grande et belle affiche qui suit :

OUI
Nous sommes un peuple
Il est temps de conquérir notre liberté.
Parce que la souveraineté du Québec
est une condition essentielle et urgente
de l'existence, de l'épanouissement et du rayonnement
de notre langue, de notre littérature et de notre culture,
nous lançons un appel au peuple québécois :
n'écoutons plus les promoteurs de notre dépendance.
Ils disent que choisir la souveraineté, c'est « prendre une chance ».
La chance de s'affirmer en tant que nation responsable.
La chance de nous gouverner enfin nous-mêmes.
La chance de maîtriser les outils de développement et de les orienter
vers une plus grande prospérité et une plus grande solidarité.
Ils prétendent que c'est se replier sur nous-mêmes.
Nous affirmons que c'est au contraire s'ouvrir au monde.
Refusons dorénavant d'être enfermés dans un statut de province !
Refusons d'être réduits au rang d'une minorité !
Nous avons le droit de jouir de tous les attributs d'un peuple libre.
Comme les 185 autres peuples qui ont déjà franchi ce pas,
nous avons le devoir d'être présents
et de parler en notre nom sur la scène internationale
où se joue désormais l'avenir de la terre et de chaque nation.
Notre pays existe déjà.
Il ne nous reste qu'à lui dire OUI.

Ce sont des propos qui ne font pas l'affaire d'Ottawa !

Ottawa ne tardera pas à y répondre, non pas en incarcérant les écrivains et les écrivaines comme en octobre 1970, mais en y mettant tout l'argent et le pouvoir nécessaire pour battre l'UNEQ, et partant, tous les écrivains et écrivaines du Québec, sur son propre terrain, d'abord géographique, mais surtout sur son terrain le plus cher, celui de la littérature. Quoi que l'on puisse penser aujourd'hui du Festival Metropolis Bleu, sa naissance en juin 1997 et son expansion coïncident exactement avec la mise en œuvre par Sheila Copps de sa mission dans son ministère, laquelle a été adoptée par d'autres ministères : « *Build Canada today!* [...] *We create the programs, they (the artists, writers, etc.) follow the money!* » La mission, disait-elle, n'était pas d'appuyer la littérature mais de bâtir le Canada.

Voici comment la présidente de l'UNEQ, Denise Boucher, a subi cet assaut contre « l'existence, l'épanouissement et le rayonnement de notre langue, de notre littérature et de notre culture », comme l'UNEQ l'avait si bien déclaré en 1995.

« L'UNEQ organisait chaque année depuis 1992 un Festival international de littérature. De plus, nous tenions un événement conjoint avec la QSPELL (*Quebec Society for the Promotion of English Language Literature*, devenue en 1998 la *Quebec English Writers' Federation*), qui portait le nom "Write pour écrire". En janvier 1999, le conseil d'administration de l'UNEQ a organisé une réunion spéciale avec Linda Leith et Ann Charney pour discuter de projets communs. Tous les membres de notre conseil étaient présents. Linda Leith nous a expliqué que, suivant une suggestion de Gordon Platt, alors directeur du Conseil des Arts du Canada, elles avaient décidé d'organiser un grand festival de la littérature qui porterait le nom de "Blue Metropolis Bleu". Elle a invité l'UNEQ à venir sous le grand parapluie de Metropolis Bleu, qui prendrait en charge l'organisation, parce que, disait-elle, Metropolis Bleu avait beaucoup d'argent. En retour, l'UNEQ pourrait participer à la logistique en fournissant un bureau, le téléphone, des photocopieurs, la poste.

« J'ai été très surprise, poursuit Denise Boucher, parce qu'on avait un festival et une activité avec la QSPELL. Alors, nous les avons invitées à se joindre à nous et à venir sous le parapluie de l'UNEQ. Linda Leith et Ann Charney ont répondu qu'elles devaient consulter d'abord le conseil d'administration de Metropolis Bleu et qu'elles nous reviendraient là-dessus. Nous n'avons plus eu de nouvelles d'elles. Peu après, on a appris qu'elles allaient de l'avant avec leur festival qui se tiendrait en mars ou en avril 1999, le "Festival littéraire international Metropolis Bleu", et, comme par hasard, leur festival devait se tenir un mois avant le nôtre. Depuis 1997, ajoute Denise Boucher, notre festival s'appelait le " Festival international de la littérature". Le conseil d'administration de l'UNEQ s'est unanimement opposé à la participation au Metropolis Bleu parce que Montréal n'avait pas les moyens de tenir deux festivals de littérature. Le marché est trop limité. »

Denise Boucher a consulté tous les anciens présidents de l'UNEQ, fondée en 1977, lesquels l'ont appuyée dans son opposition à Metropolis Bleu : accepter d'y participer comme le voulait Metropolis Bleu, disaient-ils, équivaudrait à l'abandon pur et simple du festival de l'UNEQ qui existait depuis 1992. Denise Boucher a même consulté le dirigeant du Festival « Harbour Front », à Toronto, qui a décrit cette histoire de Metropolis Bleu comme un « hold-up ». « Par la suite, rappelle Denise Boucher, les organisateurs ont commencé à visiter tous nos commanditaires, de sorte que la confusion s'est installée dans leur esprit. Comment distinguer le Festival international de la littérature, le FIL de l'UNEQ, du Festival littéraire international de la Fondation Metropolis Bleu ? Même Hydro-Québec nous a retiré sa commandite pour la donner à Metropolis Bleu[143] ! »

La pression subie par Denise Boucher et par l'UNEQ était extrêmement forte en 2000 et les couteaux volaient très bas. Jacques Hébert et Émile Martel se sont mis de la partie pour amener la « séparatiste » à collaborer avec Metropolis Bleu. Ils ont tenté de convaincre l'UNEQ d'y participer en passant par Bruno Roy, à la fois l'ancien et le futur président de l'UNEQ, et en faisant offrir de l'argent par Reford MacDougal pour appuyer le dossier des orphelins de Duplessis, dont Bruno Roy s'occupait. Quand Bruno Roy a refusé de se désolidariser de Denise Boucher, Émile Martel l'a traité de « traître » à sa cause.

D'autres, pour se racheter, tombaient rapidement dans la misogynie en réduisant le conflit à une « guerre de filles » ou en traitant Denise Boucher d'« alcoolique folle et paranoïaque ». En revanche, pour Bruno Roy, qui a présidé l'UNEQ de 1987 à 1996 et encore de 2000 à 2004, il n'y a pas de doute que,

---

143. Entrevue avec Denise Boucher, le 25 mai 2005. Notons qu'en 2000, la présidente de l'UNEQ s'est tournée vers la Société Saint-Jean-Baptiste de Montréal pour combler en partie la perte de commandites provoquée par l'assaut de Metropolis Bleu.

sur le fond, «Denise Boucher avait raison et une assemblée générale spéciale de l'UNEQ l'a appuyée». En effet, L'UNEQ a maintenu sa position à l'égard de Metropolis Bleu tout en la débattant ouvertement, entre autres, à l'assemblée générale spéciale tenue le 9 décembre 2000 et présidée par Jacques Desmarais. Lors d'un vote, les membres ont rejeté une proposition de collaboration avec Metropolis Bleu[144].

Plusieurs années plus tard, Denise Boucher reconnaît que les organisatrices de Metropolis Bleu ont travaillé très fort, obtenant un rayonnement international certain. Mais elle n'en démord pas: il s'agissait «d'une volonté multiculturelle «frank-scottienne» et canadienne de minoriser encore et toujours la culture québécoise, le tout dans l'esprit d'octobre 1970 et du Programme des commandites». L'allusion est faite à Frank Scott, poète et professeur de droit à McGill, mentor de Pierre Elliott Trudeau, membre de la célèbre Commission Laurendeau-Dunton des années 1960 et éternel *alter ego* de Jacques Ferron. Le socialiste Jacques Ferron pensait pouvoir «enquébécquoiser» Frank Scott mais, en 1970, il a pris congé définitivement de ce prétendu socialiste lorsque celui-ci s'est prononcé en faveur de la Loi sur les mesures de guerre. Pour Ferron, Scott était un «McGuillien», figurant parmi ces «niais patentés de la célèbre institution, qui se prennent pour des gauchistes dangereux alors qu'il ne sont que des Rhodésiens[145]».

La version officielle donnée sur les origines de Metropolis Bleu, telle que fournie par la porte-parole de la Fondation Metropolis Bleu, correspond, à quelques accents près, à celle donnée par Denise Boucher. Et elle confirme ses pires craintes.

Contrairement à la plupart des grands événements et institutions culturels au Québec (ex.: Cirque du Soleil, Festival international de jazz de Montréal, Festival Juste pour rire), qui commencent par des activités publiques à petite échelle pendant plusieurs années avant d'obtenir un financement public important et des commandites privées leur permettant

---

144. Entrevues avec Bruno Roy et Pierre Lavoie, directeur général de l'UNEQ, 28 juin et 6 juillet 2005, et procès-verbal de la réunion spéciale de l'UNEQ, 9 décembre 2000.

145. Jacques Ferron, *Escarmouches, t. 1, La longue passe*, Montréal, Léméac, coll. Indépendances, 1975, p. 113, cité dans Marcel Olscamp, «Jacques Ferron ou le nationaliste ambivalent», *Littératures*, n°s 9-10, p. 213.

de prendre de l'expansion, Metropolis Bleu a recueilli du financement public au moins un an avant sa première activité publique au printemps 1999. En effet, il a été créé en juin 1997, dix-huit mois après le référendum de 1995 et presque deux ans avant son premier festival.

« Pour une fois, nous avons mis les bœufs d'abord, la charrue après, dit Sophie Cazenave, directrice des communications de Metropolis Bleu. Le premier financement était public et venait... du Conseil des Arts du Canada en 1998[146]. » Rappelons que le Conseil des Arts du Canada relève du ministère du Patrimoine canadien, donc de Sheila Copps qui a martelé dès 1996 : « *The mission statement is "Did I build Canada?" I don't really give a damn about the Canada Council* [...] *We change the programs, they follow the money.* »

Quant aux relations avec l'UNEQ, Sophie Cazenave poursuit : « L'UNEQ ne voulait pas un festival multiculturel, alors que nous disions que le festival international devait refléter la réalité montréalaise, et pas seulement le volet québécois local. Il ne devait pas servir non plus à la promotion de la littérature québécoise locale. Nous ne voulions pas de cloisonnement dans une langue. » Pour qui a déjà participé au Festival international de la littérature de l'UNEQ depuis 1992, ces accusations sont aussi fausses qu'insultantes. Mais tout y est : la minorisation et le rapetissement du Québec, de sa littérature, de sa culture et de ses écrivains ; la littérature québécoise locale, le volet québécois local par opposition à une littérature dite universelle qui, semble-t-il, serait hors de portée de ces écrivaines et écrivains québécois locaux et de l'organisation locale qui les représente, l'UNEQ.

Drôle aussi, n'est-ce pas, comment cette description ressemble à s'y méprendre à la vision « sheilacoppsienne » et « frankscottienne » de la belle province de Québec ? Or, dans cette période si hautement commanditée de fin de millénaire, cette vision « frankscottienne » et « sheilacoppsienne » pouvait, à elle seule, attirer des sommes considérables des bailleurs de fonds que l'on connaît trop bien, même si les demandeurs n'avaient jamais fait leurs preuves. En effet, au premier festival de 1999, Metropolis Bleu comptera sur un financement de près

---

146. Entrevue avec Sophie Cazenave, 1er juin 2005.

de 125 000 $ venant notamment des sources suivantes : trois autres ministères ou organismes fédéraux, soit le Secrétariat national à l'alphabétisation, le ministère des Affaires internationales et du Commerce international du Canada, le ministère du développement des Ressources humaines du Canada, en plus du financement du Conseil des Arts du Canada mentionné ci-dessus ; et du privé, signalons notamment Power Corporation, *The Gazette*, Seagram Canada, la Banque Royale, Goodman Phillips & Vineberg et Imasco[147].

Certains des premiers artisans de Metropolis Bleu affirment catégoriquement qu'il n'y a aucun lien entre la période post-référendaire et la création du nouveau festival, arguant notamment que le festival de l'UNEQ compte autant sur le financement de Patrimoine Canada que Metropolis Bleu. Il se peut très bien que les objectifs visés par certaines personnes ayant créé ce festival soient aussi nobles qu'elles le prétendent, tels un rapprochement entre écrivaines et écrivains anglophones et francophones québécois, et leur promotion. Il n'en demeure pas moins que des gens qui n'y voient que de la sensiblerie ont flairé la bonne affaire et y ont dirigé le rouleau compresseur de l'identité canadienne déjà en marche dans les domaines de la culture et du sport.

Plusieurs ont cherché à trouver un lien entre la création de Metropolis Bleu et le scandale des commandites. Ces recherches sont probablement vaines, car un programme des commandites comme celui révélé par la Commission Gomery devenait superflu dès que la politique culturelle officielle du gouvernement du Canada consistait à bâtir l'identité canadienne et à affaiblir celle du Québec. La ministre responsable ne s'en cache pas. Rappelons ce que Sheila Copps a dit en toute franchise : « Contrairement au Programme des commandites et à l'histoire de la Commission Gomery, le ministère du Patrimoine canadien a joué un rôle énorme et a travaillé autrement. Mais l'argent a été bien géré, il n'y a pas eu de scandale, et personne ne sait ce qu'on a fait. Vous remarquerez que le mouvement séparatiste avait le monopole sur les artistes, mais que ce monopole n'existe plus. »

---

147. Courriel de Sophie Cazenave, directrice des communications Metropolis Bleu, 1er juin 2005.

Il y a fort à parier que si on pouvait obtenir une entrevue candide avec les responsables de plusieurs autres programmes fédéraux, tels que les Chaires de recherche du Canada ou le programme de soutien des athlètes d'élite, on découvrirait que leur priorité première au Québec est de bâtir le Canada, la poursuite de la recherche ou le soutien à la pratique sportive n'étant qu'un bon prétexte.

***

Quand on parle de l'identité d'un peuple, on parle également de ses rêves. En effet, la période de 1995 à 2005 aura été marquée par un grand effort de la classe politique canadienne de supplanter le rêve québécois par un illusoire rêve canadien. Or, le rêve, par sa nature, mobilise. Peu avant sa mort, Pierre Bourgault a invité les Québécoises et les Québécois à ne jamais abandonner leurs rêves de jeunesse, parce qu'ils sont les seuls.

Mais comment parler de rêves au Québec sans penser à Jean Chrétien, celui qui, dans son livre *Straight from the Heart* (*Dans la fosse aux lions*), s'est vanté d'être la personne qui a «détruit les rêves et brisé les espoirs de son peuple[148]»? Ou encore à l'ineffable Sheila Copps qui, par «amour de son pays», s'auto-encense pour le rôle qu'elle s'est accordé pendant le référendum de 1995 qui consistait à dénigrer le rêve des Québécois et des Québécoises et à le remplacer par son propre rêve canadien[149]?

Nous sommes rendus à l'heure où un sérieux examen de conscience s'impose à tous les corrupteurs de l'unifolié qui, comme des proxénètes à la recherche de chair fraîche, se sont jetés sur les héros du Québec pour les déformer et les avilir dans le seul but de miner l'identité québécoise en la vidant de son sens et de sa vitalité, et de la remplacer par une identité canadienne qui nie l'histoire et la réalité. À ces personnes qui

---

148. Chrétien, Jean, *Straight from the Heart, op.cit.*, p. 145. La version anglaise est très claire: «Part of their intense reaction against me came because I had to demystify their great dream. (…) It was like taking a toy from a child or shattering a hope.»

149. Sheila Copps, *La batailleuse, op.cit.*, p. 155-162.

ont embrigadé un Maurice Richard vieillissant pour en faire un symbole de l'unité canadienne. À ces imprésarios qui enrôlent tel ou telle artiste dans le programme de la fête du *Canada Day*.

Un sérieux examen de conscience s'impose aussi à tous ces cyniques qui, du haut de leur podium médiatique, banalisent le projet indépendantiste québécois en réduisant toute aspiration québécoise à des « chicanes » ou des « querelles » fédérales-provinciales. Et à ces bonzes de Radio-Canada, ces journalistes et animateurs vedettes qui semblent avoir voulu interdire l'utilisation du mot Québec et de tous ses dérivés sur les ondes radio-canadiennes, ou se l'interdire, en éliminant des expressions comme « musique québécoise », « littérature québécoise », « théâtre québécois » et « culture québécoise » pour les remplacer par des expressions inodores et incolores comme « musique francophone d'ici », « littérature d'ici », « francophonie canadienne », « culture de cet endroit ».

Un sérieux examen de conscience à tous les Michaëlle Jean, Gérard Bouchard et autres Jean-Daniel Lafond qui, semble-t-il, en retour de prestige, d'argent et de célébrité, acceptent des nominations à des postes canadiens hautement symboliques (Gérard Bouchard a accepté de présider le jury des Prix littéraires du Gouverneur général en 2004 tout en se disant souverainiste), alors que l'objectif de cette institution est de déposséder les Québécoises et les Québécois de leurs rêves.

Toutes ces personnes ont-elles songé un instant qu'elles jouent avec les rêves d'un peuple? Ou se satisfont-elles de figurer parmi ceux que la ministre du Patrimoine canadien, Sheila Copps, inclut si gentiment dans le « *they* » du « *they follow the money* » ?

CONCLUSION

On s'étonne de la façon dont le Canada et des Canadiens ont si allègrement violé les lois québécoises en 1995, qui d'ailleurs sont aussi des lois canadiennes, ainsi que le droit fondamental de la nation québécoise de décider librement de son avenir. On s'étonne que le Canada et les Canadiens le fassent et qu'ils s'en vantent, mais on s'étonne aussi que, sur le plan international, personne ne semble leur en tenir rigueur! Si de telles violations s'étaient produites en Afrique, celles de 1995 et celles du Programme des commandites qui découlaient du résultat référendaire, le Canada serait mis au ban des nations et serait qualifié, entre autres, de «kleptocratie». Mais ce n'est pas le cas. Pourtant, toute personne éprise de liberté devrait s'y intéresser. En effet, les souverainistes ont intérêt à le dénoncer haut et fort, et surtout sur toutes les tribunes internationales qui leur sont offertes.

L'ancien directeur général des élections, Pierre-F. Côté, a résumé le problème constaté en 1995 dans ces mots: «J'arrive à la conclusion que nous sommes dans un État de demi-droit au Canada, parce que nous n'avons pas la capacité de faire observer notre législation référendaire qui, soit dit en passant, a été dûment adoptée, qui est correctement adoptée, et qui a une existence légale que personne ne peut attaquer.» Et il poursuit: «Quelle sorte de violence peut-on utiliser contre l'émancipation d'un peuple? De quelle sorte de violence peut-on user face au désir d'émancipation d'un peuple? Les forces armées, le trucage, le vol, les dépenses électorales? L'un des éléments fondamentaux d'une démocratie, c'est la liberté. Alors jusqu'où va-t-on aller pour bafouer la liberté des individus et d'un peuple finalement[150]?»

---

150. Entrevue avec Pierre-F. Côté, 24 août 2004.

Il y a deux raisons majeures qui, à notre sens, expliquent le comportement illégal du Canada et des Canadiens à l'égard du Québec. La première étant l'héritage impérial du Canada, et la seconde, le refus de reconnaître que le Québec est autre chose qu'une belle province.

Issu d'un Empire britannique où le droit des nations et des peuples n'avait aucun poids devant l'intérêt de l'Empire, et fortement influencé par un Empire américain qui combat ces mêmes droits partout sur la planète, le Canada se comporte et s'est toujours comporté comme un petit empire. C'est l'histoire de son expansion territoriale à l'ouest comme à l'est. La volonté populaire est constamment subordonnée aux intérêts supérieurs de ce petit empire ou d'autres empires. Cela ne se fait pas, toutefois, sans contradiction. Alors que le Canada se bat de toutes ses forces, à l'intérieur comme à l'extérieur, contre le droit du Québec de disposer librement de lui-même, ironiquement, il se trouve parmi les premiers à reconnaître et à promouvoir ce même droit lorsqu'il s'agit de l'Ukraine, de la Slovénie, de la Géorgie, de la Tchétchénie, de la Lituanie, de l'Estonie, du Timor oriental, du Darfour, des îles Malouines (Falklands), et j'en passe. La clé de cette contradiction se trouve dans l'intérêt impérial de l'un ou de l'autre grand empire qui l'influence, ou des deux en même temps. Mais tôt ou tard, il faudrait lui mettre cette contradiction puante en pleine face.

L'autre raison expliquant la facilité avec laquelle l'État canadien et des Canadiens ont violé la loi en 1995 et après, c'est leur traditionnel refus de reconnaître que le Québec est autre chose qu'une province parmi dix, et peut-être bientôt treize. Que ce soit la timide *société distincte* ou la plus affirmative *nation québécoise*, le Canada s'en est toujours moqué éperdument. Invariablement, après avoir reconnu, en entrevue, qu'ils avaient violé la Loi sur la consultation populaire en 1995, les tenants du NON rencontrés ont tous refusé de reconnaître que les Québécoises et les Québécois forment une nation à l'intérieur du Canada et que, par conséquent, ils jouissent des droits qui reviennent à toutes les nations de la terre. Ni une nation, ni un peuple, ni une société distincte; le Québec serait, au mieux, le foyer d'une illusoire francophonie canadienne. Cette vision de leur pays leur donnerait tous les droits et prérogatives « *to save and defend Canada* » (pour sauver et défendre le Canada). C'est ce qui leur permet de faire au Québec ce qu'ils dénonceraient avec la plus grande force si les rôles devaient être changés et si c'était le Canada qui voulait affirmer sa souveraineté et son indépendance contre la volonté des États-Unis.

En 1970, Jacques Ferron a écrit : « Le Québec s'est défendu comme il a pu, usant de moyens subtils dont le meilleur fut de donner au monde et au reste du Canada de fausses images de lui-même. Ce moyen avait des inconvénients, en particulier celui de nous mystifier nous-mêmes[151].» Nos subtilités, faut-il croire, n'ont pas seulement eu des inconvénients, elles nous ont carrément joué des tours. Nous sommes toujours subtils et timides dans notre définition du Québec, dans le vocabulaire que nous utilisons pour le décrire, et les adversaires du Québec en ont invariablement profité. Plus nous sommes subtils dans l'image et la définition que nous donnons du Québec, que ce soit au Canada ou sur la scène internationale, plus le Canada nous marchera sur les pieds et se donnera tous les droits et prérogatives, comme il l'a fait en 1995 et par la suite. Les premiers ministres du Québec, probablement dans l'esprit des mêmes « moyens subtils » de Jacques Ferron, ont souvent été réticents à l'idée d'internationaliser la cause du Québec, sauf peut-être dans la francophonie. Or l'heure de cette subtilité ingénue est révolue. Si le Québec veut atteindre le statut de nation politique qui lui échappe encore, il se doit d'agir comme une nation, d'abord au Québec même, mais aussi partout dans le monde ; il doit miser sur tous les droits qui reviennent à une nation ; et il ne doit pas hésiter à le faire, même auprès des pays amis du Canada.

Aussi, afin de prévenir la violation systématique par le Canada du droit du Québec de déterminer librement son destin, cette clarté de vision politique doit transparaître dès maintenant dans le mouvement souverainiste et chez ses chefs. Le Canada a eu une frousse terrible en octobre 1995. Ce pays et ses pions au Québec veulent coûte que coûte empêcher la tenue d'un autre référendum sur la souveraineté du Québec, qu'il sera plus difficile de « voler » et où le OUI risque de l'emporter haut la main. Dans ce contexte, on doit reconnaître

---

151. Jacques Ferron, « La Théocratie de façade », *IMP,* XXIII : 2, 1er décembre 1970.

que le mouvement souverainiste québécois se trouve au point où, pour réussir cette étape finale, il a plus besoin de caractère que de charisme, autant au sein de la direction qu'à tous les niveaux. Le caractère est cette force annonciatrice de changements que les sondages n'arrivent jamais à déceler, mais que le peuple reconnaît et que les corps diplomatiques apprennent à repérer afin de préparer leurs pays respectifs en vue des bouleversements à venir.

BIBLIOGRAPHIE

Beaul ieu, Victor-Lévy, *Docteur Ferron : Pèlerinage*, Montréal, Stanké, 1991.

Bl ake, Raymond B., *Canadians at Last : Canada integrates Newfoundland as a Province*, Toronto, University of Toronto Press, 1994.

Bl anchard, James J., *Behind the Embassy Door : Canada, Clinton and Quebec*, Toronto, McClelland & Stewart, 1998.

Bout hil l ier, Guy, *L'obsession ethnique*, Outremont, Lanctôt éditeur, 1997.

CARDINAL, Mario, *Il ne faut pas toujours croire les journalistes*, Montréal, Bayard Canada, 2005.

CHADWICK, Gerald William St-John, *Newfoundland ; Island into Province*, Londres, Cambridge University Press, 1967.

CHRÉTIEN, Jean, *Straight from the Heart*, Toronto, Key Porter Books, 1985, 1994.

COPPS, Sheila, *La batailleuse*, Montréal, Boréal, 2004.

CREIGHTON, Donald, *The Forked Road : Canada, 1939-1957*, Toronto, McClelland & Stewart, 1976.

D'ALLEMAGNE, André, *Le colonialisme au Québec*, Montréal, Éditions RB, 1966.

FERRON, Jacques, *Escarmouches. La longue passe*, tome 1, mars 1971, Montréal, Léméac, coll. Indépendances, 1975, p. 113, cité dans Marcel Olscamp, *Jacques Ferron ou le nationaliste ambivalent*, p. 213, *Littératures*, nos 9-10, 1992.

FERRON, Jacques, « La Théocratie de façade », *IMP*, XXIII : 2, 1er décembre 1970 ; puis, publié dans *Du fond de mon arrière-cuisine*, Montréal, Édition du Jour, 1973.

HADEKEL, Peter, *Bombardier, La vérité sur le financement d'un empire*, Libre Expression, 2004.

JACOBS, Jane, *The Question of Separatism, Quebec and the Struggle over Sovereignty*, New York, Random House, 1980.

Jacobs, Jane, *Cities and the Wealth of Nations*, New York, Random House, 1984; publié en français sous le titre *Les villes et la richesse des nations*, Montréal, Boréal, 1992.

Jacobs, Jane, *Retour à l'âge des ténèbres*, Montréal, Boréal, 2005.

Karlsson, Gunnar, *The History of Iceland*, Minneapolis, University of Minnesota Press, 2000.

Kelly, Stéphane, *La petite loterie. Comment la Couronne a obtenu la collaboration du Canada français après 1837*, Montréal, Boréal, 1997.

Lalonde, Michèle, *Défense et illustration de la langue québécoise*, Paris, coll. Change, Seghers/Laffont, 1979.

Lévesque, René, *Attendez que je me rappelle*, Montréal, Québec Amérique, 1986.

Lisée, Jean-François, *Sortie de secours*, Montréal, Boréal, 2000.

MacKenzie, David Clarke, *Inside the Atlantic Triangle : Canada and the Entrance of Newfoundland into Confederation (1939-1949)*, Toronto, University of Toronto Press, 1986.

MacLeod, Alistair, *No Great Mischief*, Toronto, McClelland & Stewart, 1999.

Mandel, Michael, *The Charter of Rights and the Legalization of Politics*, Toronto, Wall and Thompson, 1989.

Mandel, Michael, *La Charte des droits et libertés et la judiciarisation du politique au Canada*, Montréal, Boréal, 1996.

Martin, Chester, *The Foundation of Canadian Nationhood*, Toronto, University of Toronto Press, 1955.

Martin, Lawrence, *Iron Man : The Defiant Reign of Jean Chrétien*, Toronto, Viking Canada, 2003.

Martin, Robert Ivan, *The Most Dangerous Branch : How the Supreme Court of Canada Has Undermined Our Law and Our Democracy*, Montréal, McGill-Queen's University Press, 2003.

Memmi, Albert, *Portrait du colonisé*. Précédé du *Portrait du colonisateur*, et d'une préface de Jean-Paul Sartre. Suivi de *Les Canadiens français sont-ils des colonisés ?*, Montréal, L'Étincelle, 1972.

Myers, Gustavus, *History of Canadian Wealth*, 1913, réédité en 1968, par Argosy-Antiquarians Ltd. (Préface de Stanley Ryerson).

Neary, Peter, *Newfoundland in the North Atlantic World 1929-1949*, Montréal, McGill-Queen's University Press, 1988.

Noel, S.J.R, *Politics in Newfoundland*, Toronto, University of Toronto Press, 1971.

Phil pot, Robin, *Oka. Dernier alibi du Canada anglais*, Montréal, VLB éditeur 1991 (réédité et enrichi d'une postface « Dix ans après »).

Phil pot, Robin, « Robert Bourassa, les peuples autochtones et la stratégie de la corde raide », *Robert Bourassa. Un bâtisseur tranquille*, Guy Lachapelle et Robert Comeau (dir.), Québec, Presses de l'Université Laval, 2003.

Raboy, Marc, *Missed Opportunities: The Story of Canada's Broadcasting Policy*, Montréal, McGill-Queen's University Press, 1990.

Rose, Jonathan W., *Making "Pictures in Our Heads": Government Advertising in Canada*, Westport, Praeger, 2000.

Sartre, Jean-Paul, « La République du silence », *Les lettres françaises*, n° 20, 9 septembre 1944.

Tobin, Brian, *All in Good Time*, Toronto, Penguin Canada, 2003.

Uguay, Marie, *Journal*, Montréal, Boréal, 2005, p. 233, entrée du 21 mai 1980.

Vastel, Michel, *Chrétien. Un Canadien pure laine*, Montréal, Les Éditions de l'Homme, 2003.

Wade, Mason, *Regionalism in the Canadian Community, 1867-1967, Canadian Historical Association Centennial Seminars*, Toronto, University of Toronto Press, 1969.

ARTICLES DE JOURNAUX

Collectif, « Finding the Balance, Cost benefit analysis of Confederation, Six-part series », *The Independent*, Saint-Jean, Terre-Neuve, octobre et novembre 2004.

Deere, Kenneth, « Sometimes it's better to stay silent », *Eastern Door*, février 1996.

Dyer, Gwynne, « Newf Truth », *The Globe and Mail*, 27 mars 1999 et 3 avril 1999, p. D-1.

Dyer, Gwynne, « How Confederation killed the Cod », *The Globe and Mail*, 3 avril 1999, p. D-1.

Fitzgerald, John Edward, « Newfoundland Politics and Confederation Revisited: Three New Works », *Newfoundland Studies*, vol. 9 n° 1, printemps 1993, p. 103-122.

Gibson, Gordon, « Stop! In the name of love (for Canada), Politicians need a way to tell the Supremes they've gone too far », *The Globe and Mail*, 2 février 2005.

Raboy, Marc, « Broadcasting policy, Nation-building, and constitutional politics in Canada and Quebec », *Quebec Studies*, n° 18, 1994, p. 64-74.

Autres documents

Discours de Jacques Parizeau, fin septembre 1995, Archives de Jacques Parizeau, Archives nationales du Québec, accès avec autorisation nominative de Jacques Parizeau.

Procès-verbal de la réunion du «Cabinet Committee on Culture and Information» du 28 juillet 1970, obtenu du Conseil privé suite à une demande d'accès à l'information.

Requête en mandamus, Cour supérieure, réamendée le 9 mars 1998, Procureur : Michael Bergman.

Bulletins rejetés – Marche pour l'unité, Rapport du directeur général des élections, Référendum du 30 octobre 1995, publié le 13 mai 1996.

Charles E. Roh, Jr., The Implications for U.S. Trade Policy of an Independent Quebec, Decision Quebec Series, CSIS, Washington, D.C., Centre for Trade Policy and Law, Ottawa, 5 octobre 1995.

Lettre de Jacques Parizeau à Monsieur François Mitterrand, Président de la République, Archives personnelles de Jacques Parizeau, Archives nationales du Québec, accès avec autorisation nominative.

TABLE DES MATIÈRES